# 이해하기 쉬운
# 메뉴관리 및 디자인

# 머/리/말

1990년대 이후로 우리나라의 외식 산업은 경제 성장과 더불어 세계 각국의 관련 기업들이 유입되면서 그 환경 또한 다변화하여 문화의식의 수준이 높아지고 소비자의 취향도 고급화를 추구하는 등 다양한 양상을 보이고 있다. 핵가족화, 맞벌이 부부와 1인 가구의 증가, 주 5일 근무 등의 사회적 현상으로 인해 관광과 외식에 대한 관심과 요구도 점차 확대되고 있다.

최근에는 국가 브랜드의 위상을 높이는 방안으로 한식의 세계화를 국가 경제 발전의 핵심 전략으로 삼아 외식 기업의 해외 시장 진출을 위해 각고의 노력과 공격적인 투자를 아끼지 않고 있다. 이러한 추세로 미루어 볼 때 음식은 단순한 먹을거리의 개념이 아니라 문화적 · 사회적 · 경제적 가치로 인식되며, 외식 현장에서는 모든 기능을 동원하여 다양한 소비자의 특성을 이해하고 그들의 라이프스타일에 맞는 과학적이고 체계적인 서비스를 연구 및 개발해야 한다. 이에 따라 외식 업체나 단체급식장에서 필요한 외식학, 영양학, 조리학, 식품학 등 관련 분야의 인력 배출도 20여 년간 계속 증가하면서 발전을 거듭해 왔다. 먹을거리의 예술적 완성점을 형성하는 메뉴는 그 나라의 식문화와 음식의 정체성을 결정하는 중요한 요인이라는 점에서 우리만의 독특성과 차별성을 확립해야 하며 이와 함께 세계인의 입맛에도 맞는 새로운 기반을 조성해야 한다. 이에 글로벌 외식 산업화를 구축하고자 지구촌 각국의 식문화와 음식의 특성, 우리와의 공통점과 차별성을 인지하여 전 세계가 지향하는 웰빙의 신상품 메뉴를 개발하고 새로운 외식 트렌드를 이끌어 가야 할 것이다.

그러나 현재 메뉴관리에 관한 대부분의 서적들이 호텔이나 양식 레스토랑 중심의 내용으로 구성되어 있어 외식 프랜차이즈, 케이터링 등 새로운 분야의 이론화가 절실히 요구되고 있다. 이 책은 이러한 시대적 요구에 발맞추어 21세기 외식 시장을 선도할 전문인력이 산업 현장에서 쉽게 이해할 수 있는 기본적인 메뉴의 계획, 기획 이론과 성공적 경영에 중요한 역할을 담당하는 메뉴 분석관리, 급변하는 외식 시장의 요구에 따른 신메뉴 개발, 개발된 상품의 스토리텔링과 경쟁력 있는 메뉴 디자인에 관한 내용을 기초적인 지식과 함께 좀 더 전문적이고 실무적으로 다루고자 하였다. 10여 년간 강의를 하면서 느낀 바가 있었으니 이는 호텔이나 음식점에서 식음료 부분의 일부분이나 마케팅의 한 수단으로 메뉴를 이해하는 것도 중요하지만 세계적인 변화의 흐름에 따라 요구되고 있는 외식 산업에서의 메뉴라는 상품의 본질적 가치의 중요성을 재인식하는 일이 급선무라는 사실이었기에 이 같은 의도로 본서를 집필하게 되었다. 이러한 의도가 잘 전달되어 외식 산업을 성공적으로 이끌 수 있는 관리자 양성에 조금이나마 보탬이 되었으면 하는 바람이다.

앞으로도 독자 여러분과 관계자분들의 충고와 의견을 수렴하고 새로운 자료를 꾸준히 보완하여 더 나은 교재로 거듭날 수 있도록 노력할 것이다. 끝으로 어려운 연구 여건에도 불구하고 좋은 자료를 제공해 주신 필자들을 비롯해 원고의 교정부터 모든 작업에 참여하여 많은 도움을 준 대학원 박사과정과 연구실 석사과정 학생들에게 감사의 뜻을 전한다.

저자 일동

# 차/례

## Chapter 5 | 원가관리

## Chapter 8 | 메뉴 상품 개발

## Chapter 9 | 신메뉴 개발과정



## Chapter 10 | 실내 공간 구성



## Chapter 11 | 위생관리

# 1 메뉴의 개요

1. 메뉴의 정의
2. 메뉴의 유래
3. 메뉴의 특성
4. 메뉴의 역할과 기능
5. 메뉴의 종류

# 1. 메뉴의 정의

메뉴의 사전적 의미를 살펴보면 웹스터Webster's에서는 '구입이 용이하도록 작성된 식음료 목록A list of foods and beverage available for purchase'으로, 옥스퍼드 사전The Oxford Dictionary에서는 '연회나 식사에 제공되는 요리의 상세한 목록A detailed list of the dishes to be banquet or meal'으로 정의하고 있다.

메뉴는 각 나라별로 불리는 말이 있으나 오늘날 전 세계적으로 통용되는 용어로 'menu'라 부르고 있다. 레스토랑의 입장에서는 음식과 음료의 가격을 결정하여 고객이 보고 선택할 수 있도록 하는 판매수단의 목록이며, 고객의 입장에서는 본인이 지불하는 상품의 정보를 얻을 수 있는 목록이라고 할 수 있다. 그러므로 메뉴에는 상품이나 서비스, 분위기, 가격, 기술 및 인력, 계절 감각 등과 같은 레스토랑의 모든 경영활동의 내용이 포함되어야 하며, 그러한 요인들의 조합이 고객의 요구를 반영하거나 충족시킬 때 좋은 음식과 좋은 서비스 그리고 좋은 메뉴의 조화가 이루어져 경영목표를 달성하는 데 필수 요소로 작용하게 된다.

메뉴에 대한 정의는 시대의 흐름에 따라 변화해 왔는데 1960년대에는 단순한 차림표로, 1970년대부터는 '마케팅과 관리'의 개념이 포함된 차림표로 정의되었으며, 1980년대부터는 차림표의 개념보다는 강력한 '마케팅과 내부 통제의 도구'로 정의되어 오늘에 이르고 있다. 1980년대 전후에는 영양적인 측면과 조리방식을 중심으로 한 생산지향적인 면이 강조되었으나 이후 레시피 중심에서 관리 중심으로 확대되어 마케팅과 관리의 양면에 초점이 맞춰지고 있다. 따라서 메뉴는 고객과 레스토랑을 연결하는 판매촉진의 매체로서 레스토랑의 이익과 직결되며 그곳을 대표하는 얼굴과 같은 중요한 역할을 하기 때문에 내부적인 통제도구이면서 대외적인 마케팅 도구라고 정의할 수 있다.

알아보기

### 메뉴의 정의

- 메뉴는 레스토랑 운영에서 가장 중추적인 역할을 담당하는 관리도구이자 통제도구이다.
- 메뉴는 레스토랑의 얼굴이요 결정체이다.
- 메뉴는 가장 중요한 마케팅 도구이다.
- 메뉴는 정보 제공자이다.
- 메뉴는 레스토랑과 고객을 연결하는 대화의 고리이며 커뮤니케이션의 도구이다.

- 메뉴는 레스토랑의 대화, 판매, PR의 도구이다.
- 고객의 육체적, 정신적 만족을 최대화하기 위한 음식 품목을 체계적으로 구성한 차림표이다.

표 1-1 / 국가별 메뉴의 호칭

| 국가 | 호칭 | 국가 | 호칭 |
|---|---|---|---|
| 한국 | 차림표 또는 식단 | 프랑스 | 미뉴트minute, 카르테carte |
| 중국 | 차이단저 | 스페인 | 미뉴타minuta |
| 일본 | 콘다테효 献立表, こんだてひょう | 독일 | 슈바이제카르테speisekarte |
| 미국 | 작은 목록small list | 라틴어 | 미뉴터스minutus, 상세하게 기록한 것 |
| 영국 | 식단 목록bill of fare | | |

# 2. 메뉴의 유래

메뉴menu는 차림표 또는 식단의 뜻으로 쓰이며, 오늘날 전 세계적으로 통용되는 용어이다. 이는 라틴어 미뉴터스minutus를 기원으로 하며, 프랑스어로는 미뉴트minute에 해당된다. '작은 목록small list' 또는 '상세히 기록하다'의 의미로서 요리의 품목, 명칭, 형태 등을 체계적으로 알기 쉽게 설명해 놓은 상세한 목록이나 차림표를 뜻한다.

식당에서 메뉴가 최초로 사용된 것은 1540년으로, 프랑스의 부랑위그 공작이 만찬회를 개최할 때 요리에 관한 내용과 순서 등을 작성하여 음식이 나오는 순서대로 그것을 즐겼다고 한다. 이때부터 초대 손님들이 메뉴를 찾게 되면서 귀족들의 연회에서 유행하게 된 것이 메뉴의 유래이며, 그 후 19세기에 이르러 프랑스 파리에 있는 팰리스 로열Palace Royal에서 메뉴의 명칭이 일반적으로 사용되었다고 한다.

유럽의 왕조 시대에는 어느 궁중이든 초청된 요리장이 주로 프랑스 사람이었기 때문에 프랑스요리가 정식 연회의 대명사로 인식되었으며, 그 전통이 굳어져 현재의 명성을 얻게 되었다. 오늘날 세계적으로 메뉴를 대부분 프랑스어로 표기하는 것도 이와 같은 이유 때문이다.

# 3. 메뉴의 특성

## 1) 메뉴의 중요성

메뉴는 레스토랑 운영의 모든 과정에 영향을 미치는데, 식음료 사업 관련 영업활동이나 관리과정은 일반적으로 메뉴의 계획에서부터 시작된다고 할 수 있다. 이에 레스토랑의 다양한 메뉴의 계획이 우선적으로 필요하며, 다음으로 결정된 메뉴에 투입되는 식재료의 합리적인 가격 및 수요량과 수용 가능한 품질이 수반되어 적절한 시기의 구매, 적절한 양과 품질을 확인하는 검수 및 수령 · 저장 · 출고가 이루어진다. 출고된 식재료는 메뉴의 준비와 조리 그리고 음식의 상품화 과정을 거쳐 제공되고 나아가 판매 분석과 피드백에 이르기까지 여러 단계를 거친다. 이와 같은 단계들로 이루어진 식음료 관리과정은 메뉴를 통해 고객을 만족시키며 식음료 사업의 이윤 창출이라는 궁극적인 목표를 달성하게 하는데, 메뉴는 이러한 전반적인 과정에서 중추적인 역할을 하기 때문에 레스토랑 운영에 반드시 필요하다.

## 2) 메뉴의 특성

표 1-2 / 메뉴의 특성

| 식음료 상품의 특성 | 생산성의 제약 |
|---|---|
| • 강한 부패성<br>• 시간적 제약<br>• 공간적 제약<br>• 영업장의 시설과 분위기 등의 영향 | • 생산과 판매의 동시성<br>• 주문 생산의 원칙<br>• 수요 예측의 곤란<br>• 인적 서비스에 대한 높은 의존도 |

메뉴를 판매하기 위해서는 적절한 식재료의 구매가 필수적이다. 그러나 주문에 의해 즉시 조리하여 제공해야 하는 시간적 제약으로 다양한 식재료의 재고 발생과 부패에 따른 손실 등 불필요한 경비지출 발생의 위험부담이 있기 때문에 가능한 수요의 예측이 요구된다. 소비자가 직접 영업장을 찾거나 그들이 원하는 곳에서 요리를 해야 하므로 공간적 제약도 따른다. 매장의 분위기는 식욕과 밀접한 관련이 있으며, 대부분의 사람은 청결하고 색다른 분위기의 시설을 원한다.

메뉴는 주문에 의해 만들어지고 동시에 판매가 이루어지는 특성을 갖기 때문에 일반적으로 계획 생산을 할 수 없다. 일정한 시간이 지나면 상품의 맛과 질도 변하여 가치가 떨어지므로 매 순간이 모두 중요하다. 또 고객이 직접 영업소에 와야 생산이 이루어지기 때문에 수요의 예측이 쉽지 않고 인적 자원에 대한 의존도가 높다.

# 4. 메뉴의 역할과 기능

## 1) 메뉴의 역할

메뉴란 고객과의 커뮤니케이션에 사용되는 가장 중요한 마케팅 도구이며, 단순히 식음료의 종류를 나열하는 본래의 기능보다는 식음료 사업의 성패를 좌우하는 역할이 강조되면서 고객에게는 레스토랑의 이미지를 전달하고, 주방에는 어떤 음식이 어떻게 준비되어야 하는지를, 종업원에게는 서빙의 방법을, 구매 관계자에게는 구매할 식자재를, 시설 관계자에게는 설치할 시설물의 규모 등을 알려 준다.

메뉴는 관리와 마케팅의 관점, 즉 관리자와 고객의 입장에서 관리와 통제의 역할을 한다. 이 두 역할이 통합되는 하나의 시스템을 관리 · 통제하여 레스토랑의 경영활동에 미치는 영향으로서 구매, 저장, 시설, 레이아웃layout, 조직, 생산성, 그리고 서비스, 수입통제, 원가관리 등 거의 모든 분야를 메뉴에 담고 있다. 따라서 메뉴는 종합적인 요소들이 검토된 후 관리되기보다는 문제를 야기하는 전 단계의 출발점이 되어야 하므로 그 역할이 매우 중요하다고 할 수 있다. 메뉴의 역할을 살펴보면 다음과 같다.

## 2) 메뉴의 기능

### (1) 레스토랑의 첫인상이자 경영의 총체적 근원

① 고객과 커뮤니케이션하는 최초의 도구로서 강력한 판매수단이다.

② 인테리어, 분위기, 종업원의 자격, 주방설비 등 레스토랑의 운영 상태를 알 수 있다.

#### (2) 레스토랑의 입지 결정

메뉴의 구성에 따라 입지가 달라진다.

#### (3) 구매할 식재료 지시

메뉴 품목에서 표준구매명세서를 통해 품질과 분량을 지시한다.

#### (4) 레스토랑의 수준과 종업원의 기술 수준을 의미

주방과 홀에서 필요한 인력의 숙련도, 자격, 서비스의 난이도, 담당 인원수 등을 결정짓는다.

#### (5) 구입할 주방기기 결정

메뉴에 따라 사용할 주방기기가 달라지기 때문에 그 형태와 조리능력을 반드시 미리 숙지해야 한다.

#### (6) 매장의 디자인과 설계에 영향

① 메뉴의 종류에 따라 매장이 필요로 하는 공간이 결정된다.

② 메뉴에 따라 매장의 특색과 고객의 욕구에 만족할 만한 실내 장식이 결정된다.

#### (7) 매장에서 필요한 종업원 결정

매장의 서비스 형태에 따라 종업원의 필요성이 달라지는데, 예를 들어 셀프서비스 식당과 고급 식당의 경우 종업원의 수나 서비스의 수준이 달라진다.

#### (8) 무언의 판매자로 식욕촉진 유발

① 고객은 메뉴를 통해 구매하고자 하는 가치를 확인하고 주문하게 된다.

② 메뉴는 식욕을 불러일으켜 판매 효과를 높이므로 고객의 욕구를 파악하여 충족시켜야 한다.

#### (9) 내부 통제수단으로 이용

주방과 서비스 부분의 생산 시스템, 시설 시스템, 구매 시스템, 마케팅 시스템 등 가장 경제적이고 효율적인 내부 통제수단이 된다.

# 5. 메뉴의 종류

## 1) 메뉴의 구성과 가격에 따른 분류

### (1) 정식 메뉴

숙박을 제공하는 시설에서 유래된 것으로 숙박자의 편의와 여인숙의 영업상 수익들을 고려하여 숙박에 식사를 곁들여 제공하는 미국식 요금제도인 일명 풀 펜션full pension, full board에서 정식 메뉴(타블도트 메뉴 : table d' hote menu, full course menu)가 생겨났다고 볼 수 있다. 즉 투숙한 모든 고객에게 똑같은 내용의 식사를 제공하였으며, 이것이 오늘날 정식 메뉴의 기원이다. 이 메뉴는 아침, 점심, 저녁, 연회 등을 막론하고 어느 때라도 이용할 수 있으나 그 구성 코스는 정해진 순서에 따라 제공되며 고객의 선택이 제한된다. 순서는 전채(appetizer, hors d' oeuvre : 오르되브르) ⇨ 수프(soup, potage : 포타주) ⇨ 생선(fish, poisson : 푸아송) ⇨ 주요리 및 채소(main dish & salad, entree salad : 앙트레 샐러드) ⇨ 후식(dessert : 디저트) ⇨ 식후 음료(demi taase boisson, beverage : 베버리지)의 순으로 제공된다.

### (2) 일품요리 메뉴

일품요리a la carte menu 메뉴는 각 코스별로 전채, 수프, 해산물, 메인, 디저트의 구성에서 고객이 원하는 음식만 선택하여 그에 대한 가격만 지불하는 것이다. 기호에 따라 다양하게 메뉴를 선택할 수 있어 오늘날 쉽게 접할 수 있는 메뉴 형태이다.

### (3) 혼합메뉴 combination menu

혼합메뉴는 정식메뉴와 일품요리 메뉴의 장점만 모아 만든 메뉴로 패밀리레스토랑에서 일품요리 메뉴와 함께 많이 판매되고 있다. 고객들이 많이 찾는 인기 있는 일품요리 메뉴들을 묶어서 하나의 세트로 판매하여 고객은 비교적 저렴하게 다양한 일품요리 메뉴를 즐길 수 있고, 레스토랑 입장에서는 일품요리 메뉴보다 메뉴 구성과 식재료 통제가 쉬운 장점이 있다.

표 1-3 / 정식 메뉴와 일품요리 메뉴의 장단점

| 구분 | 장점 | 단점 | 비고 |
|---|---|---|---|
| 정식 메뉴 | • 객석 회전율이 높다.<br>• 가격이 저렴하다.<br>• 식자재의 관리가 용이하다.<br>• 원가가 절감된다.<br>• 메뉴관리가 용이하다.<br>• 서비스가 신속하고 능률적이다.<br>• 인력과 인건비가 감소한다.<br>• 메뉴 지식 없이도 서빙이 가능하다. | ① 관리자의 입장<br>• 가격 변화에 대한 유연성이 부족하다.<br>• 품목의 수가 제한된다.<br>• 창의적인 메뉴와 서비스가 부족하다.<br>• 종업원의 능력 개발 기회가 부족하다.<br>② 고객의 입장<br>• 선택의 폭이 적다.<br>• 코스별 가격 결정에서 원하지 않는 메뉴의 가격에 대한 불만이 우려된다. | • 점심luncheon : 3~4코스<br>• 정찬dinner : 4~5코스<br>• 저녁supper : 2~3코스<br>• 연회banquet : 5~6코스 |
| 일품요리 메뉴 | • 선택의 폭이 넓어진다.<br>• 단가를 높일 수 있다.<br>• 기술 연마의 필요성에 따라 수준이 향상된다.<br>• 유연성이 좋다.<br>• 메뉴 개발에 창의성이 표현된다. | ① 관리자의 입장<br>• 메뉴관리가 어렵다.<br>• 계속해서 메뉴를 개발해야 한다.<br>• 인건비가 높다.<br>• 원가가 상승한다.<br>• 이윤이 불안정하다.<br>• 홀 직원의 전문화가 요구된다.<br>② 고객의 입장<br>• 가격이 비싸다.<br>• 선택하기가 어렵다. | |

## 2) 메뉴의 이용빈도에 따른 분류

### (1) 고정 메뉴

고정 메뉴fixed, static, standardized menu는 정식 메뉴, 일품요리 메뉴, 단기 메뉴를 모두 포함하는 것으로, 제공될 품목을 인쇄하여 일정 기간 동안 반복 제공하는 것이다. 원가가 절감되고 생산성이 높아지며, 메뉴의 관리가 쉬워 신속한 생산과 서비스로 객석 회전율을 높일 수 있다.

### (2) 순환 메뉴

순환 메뉴cyclical menu는 특별 기간이나 날짜에 따라 주기적으로 순환시켜 메뉴를 교체하는 것을 말한다.

- 티피컬 사이클 메뉴typical cycle menu : 같은 요일, 같은 날짜에 항상 같은 메뉴를 제공하는 형태이다.
- 티피컬 브레이크 사이클 메뉴typical-break cycle menu : 단조로움을 보완하고자 7

일 주기보다는 6일이나 5일 주기를 두는 형태이다.

- 랜덤 사이클 메뉴random cycle menu : 정해진 규칙 없이 무작위로 아이템을 배치하는 방식이다.
- 스플릿 사이클 메뉴split cycle menu : 개별 아이템에 각각의 주기를 부여하여 배치함으로써 메뉴의 다양성을 높이는 방법으로, 선호도가 높은 아이템은 제공 빈도를 높게 고려한다.

#### (3) 시장 메뉴(단기메뉴)

시장 메뉴market menu는 당일 특별 메뉴 혹은 주간 메뉴처럼 매일 또는 주간별로 메뉴를 교체하여 제공하는 것으로, 계절에 따라 좋은 식재료를 활용하여 원가관리와 품질관리에 유리하며 계절감으로 고객의 변화하는 욕구에 활력을 줄 수 있다.

### 3) 메뉴의 제공시간에 따른 분류

#### (1) 조식 메뉴

표 1-4 / 조식 메뉴의 종류

| 아메리칸 브렉퍼스트 American breakfast | 콘티넨탈 브렉퍼스트 continental breakfast | 비엔나 브렉퍼스트 Vienna breakfast | 잉글리시 브렉퍼스트 English breakfast |
|---|---|---|---|
| • 주스, 시리얼<br>• 달걀<br>• 토스트, 빵<br>• 음료 | • 주스, 토스트<br>• 빵, 음료<br>• 시리얼, 우유 | • 빵(스위트 도넛, 데니쉬 페스트리)<br>• 달걀<br>• 커피 또는 우유 | • 주스, 오트밀<br>• 생선, 달걀<br>• 토스트, 빵<br>• 음료 |

#### (2) 브런치 메뉴

브런치 메뉴brunch menu는 조찬breakfast과 점심lunch의 합성어로 아침과 점심의 중간에 먹는 식사이며, 주로 일요일이나 휴일에 인기가 있다. 특별히 정해진 메뉴는 없으나 조식보다는 푸짐하고 디너보다는 가볍게 먹는다.

#### (3) 혼합 메뉴 combination menu

점심 메뉴lunch or luncheon menu는 아침과 저녁 사이에 먹는 음식으로 12시 전후에 먹는 식사이다. 저녁 메뉴보다 가볍고 저렴한 가격으로 제공되며 당일 특별 메뉴나 주방장 특선이 정식 코스에 따라 제공된다.

#### (4) 저녁 메뉴

저녁 메뉴dinner menu는 하루 중 마지막에 제공되며, 가장 비중이 크고 형식을 갖추어 먹는 식사로서 다양하게 즐길 수 있으나 정식 메뉴 형태로 제공되어 가격이 비교적 높다.

#### (5) 서퍼 메뉴

서퍼 메뉴supper menu는 늦은 저녁 식사 또는 밤참에 이용하는 메뉴로 각종 음악회나 오페라 같은 행사 후에 가볍게 먹으며 보통 2~3코스로 구성된다. 늦은 시간에 먹는 메뉴인 만큼 소화가 쉬운 식재료와 조리법을 선택하는 것이 좋다. 저녁 메뉴를 일반적인 정식 식사라 하면 서퍼 메뉴는 비공식적인 성격을 띤다.

### 4) 기타 메뉴

#### (1) 연중 메뉴 all-year-round menu

레스토랑의 대표 메뉴로 고객의 선호도와 매출에 대한 기여도가 높다.

#### (2) 계절 메뉴 seasonal menu

한 계절에 맞게끔 작성하는 메뉴로 그 계절을 대표할 수 있는 요리를 중심으로 구성한다.

#### (3) 특별 메뉴 daily special menu, carte de jour

매일 시장에서 입수되는 재료를 기초로 주방장이 기술을 발휘하여 고객의 식욕을 돋우기 위해 만든 메뉴이다. 이때 구입하는 재료는 시장에서 가장 좋은 양질의 재료로서 적절한 가격으로 때와 장소에 따라 신선하고 계절 감각을 살릴 수 있는 것이어야 한다.

- 그날그날 준비된 상품으로 신선한 서비스를 제공할 수 있다.
- 재료 사용상의 재고품 판매를 피할 수 있으며 판매증진 효과를 볼 수 있다.
- 고객의 선택을 흥미롭게 도와줄 수 있으며, 계절을 느낄 수 있는 새로운 메뉴로 고정고객의 미각을 자극할 수 있다.
- 매일 새로운 메뉴를 제공하는 업무를 통해 종업원들이 변화를 기할 수 있다.
- 레스토랑의 긍정적인 이미지 구축에 도움이 된다.

#### (4) 연회 메뉴 banquet menu

정식 메뉴와 일품요리 메뉴의 성격을 겸한 것으로, 다양한 일품요리 메뉴를 고객의 선택에 따라 정식 메뉴로 구성하는 형태이다. 고객의 요구에 따라 음식의 유형과 조리방법이 달라지고 연회비용, 고객의 수, 좌석 배치, 서비스 유형, 소요시간과 기타 사항에 의해 메뉴의 구성이 달라지며, 소연회 메뉴the ball menu도 포함된다.

### (5) 뷔페 메뉴 buffet menu

일정한 요금을 지불하고 본인이 직접 기호와 식사량에 맞게 골라 먹을 수 있도록 만든 메뉴이다open buffet, closed buffet.

### (6) 건강식 메뉴 health food menu

환자나 건강에 유의해야 하는 사람을 대상으로 만든 영양식 요리로 구성된 메뉴이며 소식, 미용식, 다이어트식도 포함된다.

**표 1-5** / 메뉴의 분류

| 기준 | 종류 |
|---|---|
| 구성 내용과 식사 가격 | • 정식 메뉴table d' hote menu, full course menu<br>• 일품요리 메뉴a la carte menu<br>• 혼합 메뉴combination menu |
| 이용빈도 | • 고정 메뉴fixed, static, standardized menu<br>• 순환 메뉴cyclical menu<br>• 시장 메뉴market menu |
| 제공시간 | • 조식 메뉴breakfast menu<br>• 브런치 메뉴brunch menu<br>• 점심 메뉴lunch or luncheon menu<br>• 저녁 메뉴dinner menu<br>• 스낵 메뉴snack menu<br>• 서퍼 메뉴supper menu |
| 식당별 메뉴 | • 양식 메뉴western menu : 프랑스 식당 메뉴, 이태리 식당 메뉴, 미국식 메뉴<br>• 동양식 메뉴oriental menu : 한식 식당 메뉴, 일식 식당 메뉴, 중식 식당 메뉴, 인도 식당 메뉴<br>• 커피숍 메뉴coffee shop menu<br>• 룸서비스 메뉴room service menu<br>• 혼합식 메뉴mix menu |
| 기타 메뉴 | • 연중 메뉴all-year-round menu<br>• 계절 메뉴seasonal menu<br>• 특별 메뉴daily special menu, carte de jour<br>• 연회 메뉴banquet menu<br>• 소연회 메뉴the ball menu<br>• 뷔페 메뉴buffet menu<br>• 건강식 메뉴health food menu<br>• 경식 메뉴light menu<br>• 채식 메뉴vegetarian menu<br>• 축제 메뉴festival menu |

### (7) 경식 메뉴 light menu

단식 중이거나 비만인 사람을 위한 메뉴로 생선, 달걀, 우유, 치즈, 과일주스 등으로 구성한다.

### (8) 채식 메뉴 vegetarian menu

주재료가 채소인 메뉴로서 달걀과 우유는 제한적으로 사용한다.

### (9) 음료 메뉴 drink menu

주메뉴와 함께 마시는 것이 보편적이지만 식당의 특성에 따라 와인이나 전통주를 별도의 메뉴로 구분하여 주 수입원의 역할을 하기도 한다.

# 2

# 메뉴의 계획

1. 메뉴 계획의 의의
2. 메뉴 계획 시 고려사항
3. 메뉴 계획 모형
4. 메뉴 계획의 기교

# 1. 메뉴 계획의 의의

## 1) 메뉴 계획의 정의

메뉴 계획이란 '업종 및 업태별 특성과 영업방법에 따라 음식의 종류와 가격을 결정하여 고객만족을 통한 조직의 목표를 달성할 수 있도록 준비하는 일련의 기획과정'을 말한다. 즉 영업의 방향에 따라 음식의 종류와 가격 등 관련 사항을 결정하여 제공함으로써 영업목표를 달성할 수 있도록 준비하는 과정을 의미하는 것으로 영업장의 경영철학, 사업 방향, 고객층과 입지조건 파악 등 경영 전반에 대한 내용도 포함되어야 한다.

메뉴 계획은 레스토랑의 성공적인 운영을 위한 관리대상 중 가장 중요한 과정의 하나이다. 따라서 메뉴는 고객의 필요와 욕구를 충족시키고 조직의 목표를 달성할 수 있도록 계획되고 관리되어야 한다.

그런데 대부분의 메뉴 계획자들은 새로운 메뉴를 계획하기보다는 과거의 메뉴를 수정 또는 보완하거나 모방하는 정도에 그친다. 게다가 대부분의 외식 사업체에서 이렇게 중요한 메뉴의 계획을 주방의 책임자에게 맡기고 있기 때문에 실제 메뉴가 관리도구로서 그리고 마케팅도구로서 그 역할을 수행할 수 없게 된다. 외국의 경우에는 주방 관련 책임자, 홀 책임자, 총지배인과 매니저, 식음료 관련 책임자, 원가관리 책임자, 구매 담당 책임자, 마케팅 관련 책임자 등 메뉴와 유기적인 관련을 맺고 있는 모든 부서와 관계자가 함께 메뉴를 계획한다. 이것이 타당한 접근법임에도 불구하고 우리나라는 아직 그렇지 못한 실정이어서 국내에서도 하루 빨리 활용되는 것이 바람직할 것이다.

과거에는 좋은 식재료로 맛있는 음식을 만드는 것이 주방장의 가장 큰 역할이었으나 지금은 제 비용, 고객의 욕구와 필요, 경쟁력 등을 고려하여 고객의 최대 만족과 업소의 최대 이윤을 추구해야 하는 새로운 역할을 부여 받았다. 즉 음식을 잘 만드는 기능인보다 체계적인 관리로 비용을 최소화하고 고객의 요구를 가장 경제적인 방법으로 충족시킬 수 있는 역량과 운용능력을 겸비한 자만이 마케팅 도구로서의 메뉴를 관리하는 주방의 책임자가 될 수 있다.

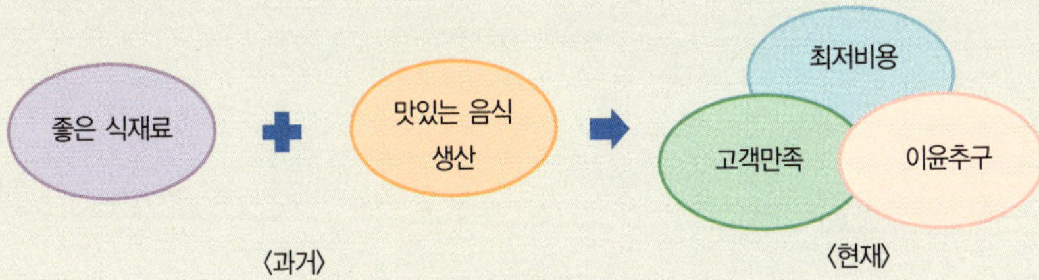


주방장의 역할

일상적으로 사용되는 메뉴 계획의 의미를 정리해 보면 표적시장에 대한 최적의 상품을 개발하는 과정으로서 어떤 상품을 선정하여 어떤 재료로 어떻게 만들어 어떤 가격에 판매할 것인가를 기획하는 일이라 할 수 있다.

## 2) 메뉴 계획의 방법

메뉴의 계획에는 신메뉴 개발과 기존 메뉴 수정의 두 가지 방법이 있다. 먼저 신메뉴 개발은 창작 중심의 관련 자료나 직관적인 영감을 주는 대상을 바탕으로 한다. 두 번째로 기존 메뉴의 수정은 메뉴 분석을 중심으로 메뉴 외의 요소들을 새롭게 고쳐 재탄생시키는 작업이라 하겠다.

## 3) 메뉴 계획의 역할

① 기업이 목표한 영업이익을 달성하기 위한 아이디어의 선택과 창조
② 메뉴의 상품화와 새로운 고객 유치 및 기존 고객 유지
③ 상품화된 메뉴를 통한 영업장의 원활한 오퍼레이션
④ 고객만족으로 제반 문제의 발생 방지

이렇게 메뉴를 계획하고 개발하는 것은 영업의 가장 중요한 업무로서 주 이용고객의 성향과 기호를 잘 파악해야 한다. 식당의 업종과 업태에 따라 전반적인 콘셉트를 결정하여 메뉴의 항목 수와 다양성을 결정하고, 품질 수준을 표준화하여 일관성을 갖추도록 한다. 외식 시장의 경향도 정확히 분석하여 작업 수행능력을 갖춘 종업원의 적정 인원을 확보하고 디자인에 관련된 주제를 정한다. 여러 차례의 수정과 보완을 거쳐 표준화된 메뉴는 기업의 영업목표를 달성하는 데 더없이 중요한 역할을 맡고 있다.

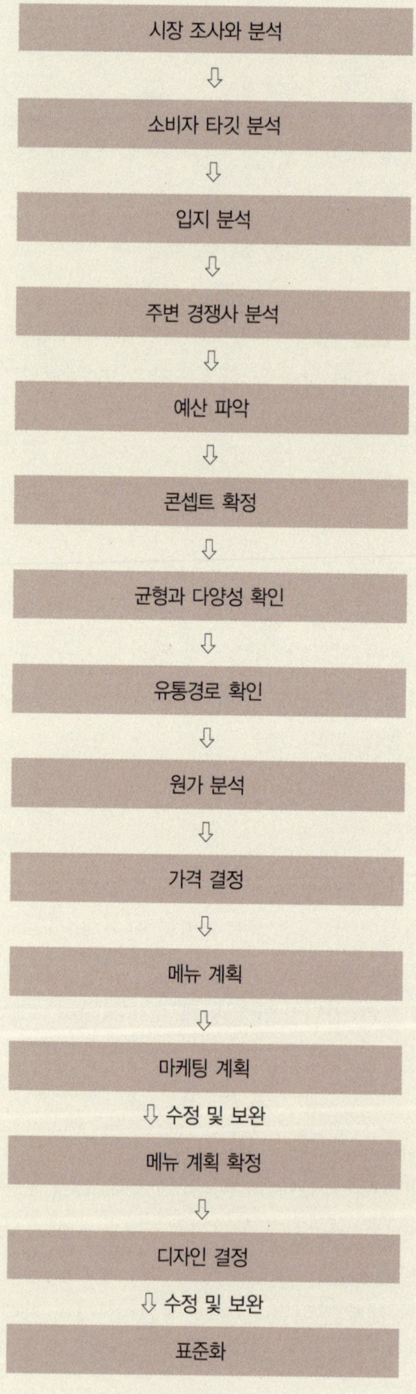
시장 조사와 분석
소비자 타깃 분석
입지 분석
주변 경쟁사 분석
예산 파악
콘셉트 확정
균형과 다양성 확인
유통경로 확인
원가 분석
가격 결정
메뉴 계획
마케팅 계획
수정 및 보완
메뉴 계획 확정
디자인 결정
수정 및 보완
표준화

메뉴 계획 과정

# 2. 메뉴 계획 시 고려사항

메뉴 계획은 제공하고자 하는 여러 가지 메뉴를 미리 결정하여 한정된 가격을 유지하면서 다양한 음식을 마련하는 과정을 말한다. 따라서 메뉴 계획은 근본적으로 호텔이나 레스토랑의 영업 전반에 영향을 미치기 때문에 각 영업장의 입지조건과 판매 표적시장 및 고객의 동향을 철저히 분석한 후 그들의 욕구 충족과 경영 전략 차원에서 이루어져야 한다.

표 2-1 / 메뉴 계획 시 고려사항

| 구분 | 내용 |
|---|---|
| 고객의 욕구 파악 | • 타깃 계획<br>• 시장 조사<br>• 잠재적 고객 발견<br>• 흥미 유발 |
| 식당 입지 | • 환경 분석<br>• 잠재고객 발견 |
| 원가와 수익성의 관계 | • 원가의 목표 결정 |
| 원활한 식재료 구입(구입 가능한 식품) | • 식재료 구입 부서와 담당자에게 시장정보 제공<br>• 메뉴별 필요 식품 인지 |
| 조리설비 및 기기의 수용능력 | • 주방의 능력을 초과하지 않는 범위에서 메뉴 수용 |
| 식재료의 다양한 활용가능성 | • 다양한 조리법과 식재료의 변화 필요 |
| 영양적 요소 | • 건강식, 웰빙 푸드 및 다이어트식 관심 급증<br>• 영양요소 음식 포함 |
| 다양성 | • 요리의 세분화<br>• 메뉴의 폭과 다양성 추진 |
| 독창적인 메뉴 | • 새로운 아이디어<br>• 일반 서적과 전문 서적 |
| 시간대별 및 계절별 메뉴 | • 조리시간과 식사속도 조절<br>• 계절 메뉴<br>• 특별한 기념 메뉴 |
| 메뉴에 적합한 주류 메뉴 | • 상호 상승효과 |
| 접시 배열 | • 고객의 흥미 유발 |

# 3. 메뉴 계획 모형

메뉴 계획 시에는 고려할 변수들이 무수히 많지만 기업 내 관리자의 관점과 고객의 관점이 무엇보다 중요하다. 즉 외적인 요인과 내적인 요인으로 살펴볼 수 있으며, 고객만족과 기업이 추구하는 이윤 극대화의 측면을 동시에 수행해야 한다.

## 1) 마흐무드 칸의 모형

마흐무드 칸 Mahmood A. Khan 모형은 고객과 관리자의 측면을 동시에 고려하여 메뉴의 양면성을 균형 있게 적용하기 위한 모형이다. 이 모형은 고객의 측면에서는 음식의 특성과 감각적 속성, 음식에 대한 습관과 선호도, 고객의 영양적 요구, 그리고 관리자의 측면에서는 조직의 목표와 목적, 식자재의 공급시장 조건, 예산, 시설과 장비, 종업원의 기능, 생산 형태와 서비스 시스템을 메뉴 계획 시 고려사항으로 제시하였다.

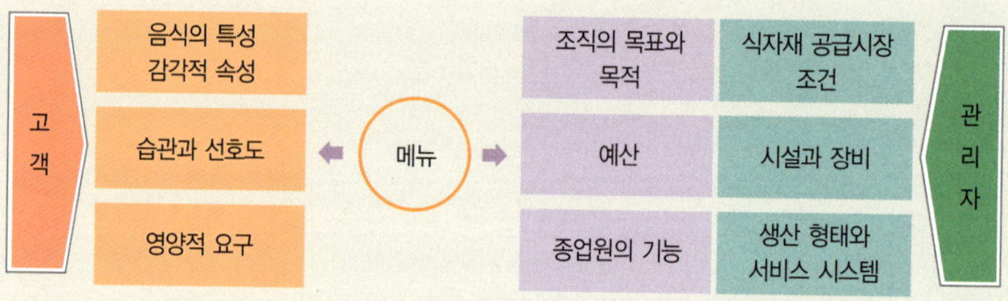

마흐무드 칸의 메뉴 계획 모형

## 2) 나인메이어의 모형

나인메이어 Ninemeier의 메뉴 계획 모형은 고객, 원가, 식재료의 구입가능성, 최대 생산과 운영관계, 레이아웃 문제, 조리기구 문제, 아이템의 품질을 메뉴 계획자가 우선적으로 고려해야 하는 사항으로 제시하였으며, 고객과 음식에 대한 변수를 구체화하여 칸의 모형보다 마케팅 측면을 좀 더 구체화한 것으로 평가되고 있다.

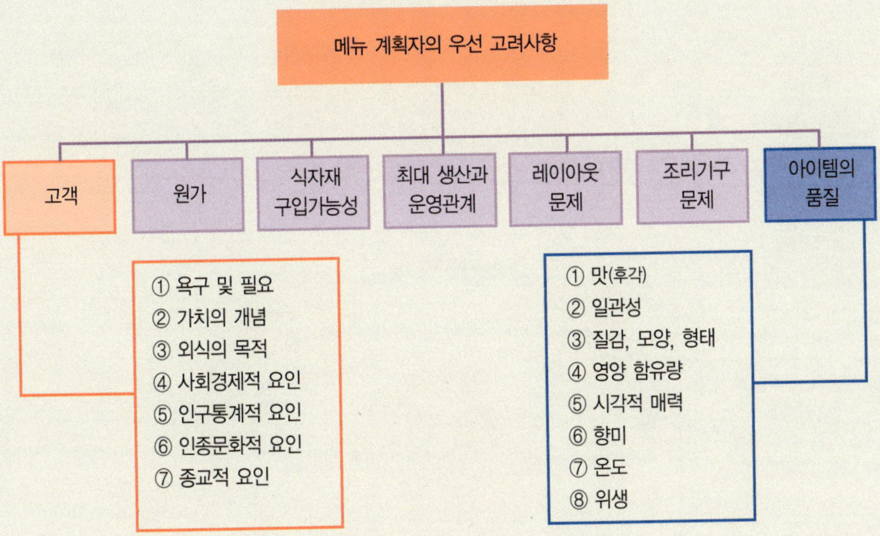


나인메이어의 메뉴 계획 시 고려사항

### 3) 크렉의 모형

크렉Kreck의 모형은 투입, 과정, 산출의 3개 부분으로 구성되어 있다. 이 모형의 투입요소는 식음 부문의 운영에 요구되는 통합 시스템 모형으로 얻는 정보에 의해 결정되며, 이러한 정보를 이용하여 성공적인 메뉴를 계획할 수 있다.

크렉은 이 모형을 보다 구체화하여 산출 결과를 분석하고, 분석된 결과를 설정된 표준과 비교 평가하여 필요한 개선책을 다음 메뉴 계획 시에 반영하는 완전한 메뉴 계획 모형을 제시하였다. 이 모형은 메뉴의 개선을 위한 평가 단계를 추가하여 분석된 결과를 사전에 설정된 표준과 비교한 후 개선이 요구되는 사항을 메뉴 계획에 반영할 수 있도록 개발된 형태이다.

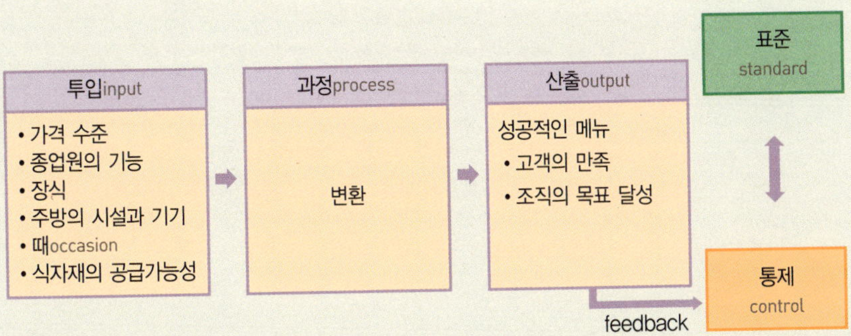


출처 : Lothar A. Kreck Menu; Analysis and Planning. 2nd ed. CBI Book, 1984

크렉의 완전한 메뉴 계획 모형

### 4) 쉐징의 모형

쉐징Schaetzing의 모형에서 메뉴와 관계가 있는 요인으로는 식당의 형태와 분위기, 주방의 크기와 시설물, 식기의 종류와 수, 인원수와 인건비, 서비스의 종류, 고객 수, 좌석 수, 좌석 배치, 종업원의 교육 수준, 저장고의 크기 등이 있다.

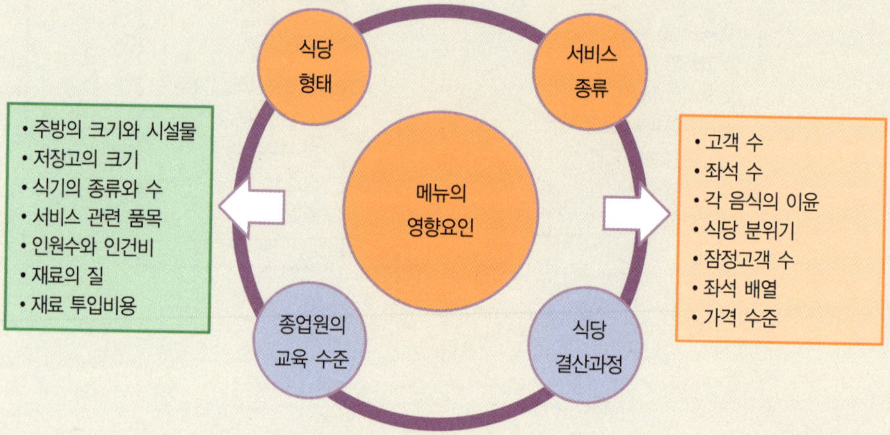


쉐징의 메뉴 계획 모형

**표 2-2** / 메뉴 계획의 모형별 특징

| 구분 | 내용 |
|---|---|
| 마흐무드 칸 | • 고객과 기업의 측면을 동시에 수행<br>• 고객의 관점 구체화 |
| 나인메이어 | • 고객과 내부적인 내용 강조<br>• 메뉴 계획자의 주요 고려사항을 세분화하여 변수를 구체화<br>• 마케팅 측면의 구체화 |
| 크렉 | • 투입, 과정, 산출로 구성<br>• 투입요소(식음 부분 운영요소)의 정보에 의해 결정<br>• 완전한 메뉴 계획 모형 제시 : 메뉴 개선을 위한 평가 단계 추가 |
| 쉐징 | • 메뉴의 영향요인으로 항목 제시<br>• 크게 식당과 서비스로 나누어 제시 |

# 4. 메뉴 계획의 기교

메뉴판에 이미 제시된 메뉴라도 영업환경이나 사회적 여건의 변화에 따라 작성자는 이를 탄력적으로 변화시킬 수 있는 기교(유연성)에 대해 끊임없이 연구해야 한다.

주간 메뉴를 작성하기 위해 큰 종이를 준비하여 가로 칸에는 날짜를 표시하고 세로 칸에는 식사를 표시한다. 아침 식사 메뉴는 비교적 간단히 작성할 수 있다. 개별 포장된 품목은 노동력과 낭비를 줄이고 고객이 여러 가지 다양한 품목을 선택할 수 있으며 분량이 일정하게 정해져 있기 때문에 정확한 단위식품의 원가를 산출할 수 있다.

점심이나 저녁 식사의 계획은 메뉴 작성자의 기술과 지식을 필요로 한다. 우선 각 날짜와 식사시간별로 주요 앙트레(주요리)를 선정하고 각 앙트레에 적합한 채소를 첨가한다. 선정된 주요 앙트레에는 애피타이저, 수프, 주스, 후식, 음료 등이 추가될 수 있다.

메뉴를 계획할 때에는 최근 몇 주간의 기록을 참고로 계속해서 메뉴에 올라 있는 음식의 판매 현황을 파악하여 고객의 기호, 수익성, 구입 가능한 식자재, 주방설비와 기기, 메뉴의 다양성, 영양의 균형 등 여러 가지 요소를 고려해야 한다.

## 1) 주기적 메뉴

주요리를 중심으로 특정 기간이나 계절에 주기적으로 제공되는 메뉴로서 대부분의 레스토랑에서 2~6주 혹은 그 이상의 일정한 기간 동안 주기적 또는 기본적 메뉴로 많이 활용한다.

## 2) 융통성

메뉴는 지침으로서 구속이 되어서는 안 된다. 메뉴에 변화가 생겼을 때 메뉴 계획 담당자는 모든 관련 부서, 즉 구매부, 주방, 레스토랑 운영진 측에 즉시 알려야 한다.

## 3) 간단한 메뉴와 신속한 메뉴

최근 햄버거, 프라이드치킨, 팬케이크, 도넛과 커피 혹은 생선, 칩 등과 같이 한 가지 음식만 취급하는 음식점이 늘어나고 있다. 이렇게 메뉴를 간단하게 구성함으로써 디자인과 설계의 비용을 절약하고 적은 운영비로 최대의 관리 효과를 얻을 수 있다.

오늘날 대부분의 레스토랑은 다방면으로 완벽한 조리사를 갖추고 있지 못하다. 더구나 주요리가 많을 경우에는 각각의 음식에 쏟는 주의력도 분산될 수밖에 없다. 따라서 몇 가지 품목에만 집중한다면 조리법을 개성화하여 음식의 수준을 향상시키고 동시에 남는 재료로 인한 낭비를 최소한으로 줄여 요리의 코스트cost를 낮출 수 있다.

### 4) 일시적 메뉴

일시적 메뉴란 이벤트, 특별한 기념일, 축제 등에서 판매하는 메뉴를 말한다. 일시적 메뉴에는 용도나 행사 목적에 따라 특별 재료를 구입하거나 재고품의 원활한 순환을 목적으로 제공하는 1일 특별 이벤트 메뉴, 특정 축제에 제공되는 메뉴, 특정 기념일에 제공되는 메뉴 등이 있다.

### 5) 그룹 메뉴 계획

메뉴 작성자를 도와줄 사람을 배정함으로써 부담과 책임을 분산시키고 새로운 아이디어의 메뉴 계획을 돕는다. 그룹은 통제하기 쉽도록 3~5인으로 구성한다. 주방, 구매부, 홀은 서비스 종사자의 대표를 선발하여 그룹을 구성하기도 하는데, 이는 그들로 하여금 메뉴 작성의 문제점을 깨닫고 구성원의 산출에 신중을 기하게 하며, 그룹의 적절한 운영을 통해 구성원 모두가 능력을 인정받아 전체적인 사기를 높이기 위한 것이다.

### 6) 특정 계층 메뉴

노인 인구의 증가, 핵가족의 확대 등 사회 인식과 구조의 변화에 따라 차별화된 특정 메뉴들이 선보이고 있다. 일례로 가정 내에서 어린 자녀의 의견을 많이 수용하는 현세대에 맞춰 아이들의 마음을 사로잡을 수 있는 메뉴를 개발하는 것이다. 12세 이하의 어린이에게는 적은 양에 저렴한 가격의 메뉴를 적용한다. 간단하면서도 색깔이 다양한 음식을 접시에 다채롭게 담아 특색을 살리면서 영양도 함께 고려해야 한다. 아이들의 호기심을 유발할 수 있는 메뉴로 관심을 끌고, 노인들에게는 영양과 소화성을 고려할 수 있는 메뉴 계획이 관건이다.

## 7) 고정 메뉴의 활용

고정 메뉴는 보통 기간이나 계절에 구애 받지 않고 전문 레스토랑에서 고정되어 있는 메뉴를 의미하며, 특성화된 전문 식당에서는 특정 고객이 선호하는 요리를 항상 제공하여 늘 편하게 음식을 서비스한다는 차원에서 수익에 관계없이 이미지를 유지하는 방법으로 사용하기도 한다.

## 8) 주방설비를 고려한 메뉴 계획

주방설비는 구입 시 투자비가 많이 소요되므로 외식 사업체의 콘셉트와 생산목표 달성에 가장 잘 기여할 수 있는 상태를 유지해야 한다. 장비가 제대로 갖춰지지 않은 부실한 주방에서는 음식의 맛과 품질이 떨어지므로 효율성과 생산성을 높이기 위해서는 주방설비를 고려한 메뉴 계획이 필요하며, 신메뉴 개발 시 주방기기 사용의 유연성도 고려해야 한다.

# 3

# 메뉴와 디자인

1. 메뉴 디자인의 이해
2. 메뉴판 디자인의 이해

# 1. 메뉴 디자인의 이해

## 1) 정의

메뉴 디자인이란 메뉴 계획자가 레스토랑의 콘셉트, 공급자의 관리적 · 영업적 측면과 목표고객의 특성이나 심리를 파악한 다음 마케팅 전략 등 여러 가지 유기적 요소를 기반으로 계획된 메뉴를 고객에게 의도대로 잘 전달할 수 있도록 다듬고 옮기는 과정이라 정의할 수 있다. 여기서 메뉴는 기본적으로 제공되는 식음료를 알리는 각 레스토랑만의 전달수단이 되기도 한다. 이는 단순히 메뉴를 알리기 위한 품목 배열 리스트가 아니라 가장 경제적이고 효과적인 전달을 위한 커뮤니케이션의 도구이자 마케팅 도구의 일환으로 또는 광고의 도구로서 디자인되어야 한다.

레스토랑의 인테리어, 고객, 메뉴에 기재될 품목 수, 메뉴의 교체 시기나 디자인 관련 예산 등을 미리 알려 주면 메뉴 디자이너는 이를 고려하여 가장 효과적인 디자인을 구상하게 된다. 그래야만 레스토랑 전체에 대한 이해와 이론적 배경을 바탕으로 메뉴를 성공적으로 디자인할 수 있다. 현대 사회의 라이프스타일을 고려한다면 심미적 측면과 함께 실용적이고 기능적인 면을 중심으로 디자인하는 것도 중요하다.

이렇듯 공급자의 의도를 잘 전달하는 방법으로 디자인되어 고객에게 사용되는 대표적인 것으로 메뉴판을 들 수 있으며, 최근에는 음식의 장식, 식기, 테이블 웨어, 식공간요소 등의 중요성이 대두되고 있다. 우선 식기를 살펴보면 어떤 디자인이 음식을 가장 돋보이게 하는지를 고려해야 한다. 다음으로 메뉴의 장점을 살리고 입맛을 돋울 수 있는 장식법도 중요한 요소가 되고 있다. 음식이 놓이는 테이블 웨어는 메뉴 디자인과 어떤 연관성을 가지고 있으며, 식공간의 요소 중 어떤 것이 어떤 영향을 주는가의 문제도 새롭게 부각되고 있는 부분이다.

## 2) 의의

메뉴 디자인이라 하면 일반적으로 메뉴판 디자인을 말한다. 메뉴판은 중요한 마케팅 도구로서 고객과의 첫 만남이자 커뮤니케이션의 도구이다. 이러한 이유로 메뉴 디자인의 개념이 메뉴판 디자인의 동의어처럼 사용되어 왔으며, 마케팅 도구로서의 역할과 원활한 고객과의 대화를 위한 이론들이 제기되어 왔다. 그러나 최근 들어 메뉴판 외에도 메뉴를 디자인하는 외부적인 요소에 대한 중요성이 강조되고 있다.

## 3) 역할

레스토랑에 들어와 테이블에 착석한 순간 가장 먼저 접점도구로 사용되는 것이 메뉴판이다. 이때부터 메뉴판은 영업장의 중요한 판매도구이자 고객과의 대화의 도구라 할 수 있다. 메뉴판을 통해 주문할 품목에 대한 식재료나 가격과 관련된 정보를 얻고 레스토랑 전반에 걸친 사항을 파악할 수 있다. 따라서 한눈에 알아볼 수 있고 이해하기 쉽도록 메뉴를 효과적으로 배치하는 것이 중요하다. 그렇지 못한 경우에는 가격으로 눈을 돌려 가장 저렴한 음식을 선택하기 마련이다. 저렴한 만큼 만족도가 떨어지면 재방문의 기회를 얻지 못하고 이는 결과적으로 수익에도 영향을 미친다. 이러한 상황은 해당 고객이 자주 방문하지 않거나, 다른 언어권에 있거나, 그 고객의 수준과 일치하지 않는 레스토랑일 경우에 더 빈번하게 발생한다. 메뉴상의 언어가 발음조차 어렵고 사전 없이는 알 수 없는 전문용어로 가득하거나 책처럼 복잡하게 디자인된 메뉴판일 경우 더욱 그러할 것이다.

훌륭한 메뉴판은 고객에게 충분히 매력적인 요소를 포함하도록 디자인되어야 한다. 이러한 과정을 거친 메뉴를 통해 레스토랑의 마케팅 정책을 효과적으로 그리고 객관적으로 확인할 수 있다. 보다 효과적인 메뉴판을 위한 디자인의 역할은 **표 3-1** 과 같다.

**표 3-1** / 효과적인 메뉴판을 위한 디자인의 역할

| 구분 | 내용 |
|---|---|
| 고객과의 커뮤니케이션 도구 | 효과적인 의사소통 |
| 판매증진을 위한 영업도구 | 마케팅 비용 통제의 수단, 예상 판매고의 정확한 예측 |
| 욕구와 식욕을 증진시키는 판매도구 | 고객의 요구와 레스토랑이 가장 잘 만들고 잘 서비스할 수 있는 것을 강조 |
| 메뉴와 영업장에 대한 정보전달 도구 | 효과적인 방법으로 종업원과 시설물 활용 |

알아 보기

## 일반 커뮤니케이션을 응용한 메뉴 디자인

■ 메뉴 디자이너

1. 레스토랑이 전달하고자 하는 메시지를 고려한다.
   - 레스토랑의 전체적인 개념
   - 경험적인 사고
   - 마케팅 리서치의 결과
   - 과거의 성공적인 운영방법과 실질적인 머천다이징
2. 전달하고자 하는 메시지의 뜻을 단어나 부호로 표현한다.
   - 레스토랑의 목표
   - 레스토랑의 정책
   - 레스토랑의 철학
3. 전달하고자 하는 메시지를 인쇄된 메뉴를 통해 전달한다.
   - 표지cover
   - 카피copy
   - 활자type
   - 색상color
   - 심미성審美性 작업art work
   - 위치position

■ 메뉴를 보는 사람들

1. 메뉴 계획자가 의도한 메시지를 인쇄된 메뉴를 통해 접한다.
   - 접한 메시지를 해석한다.
   - 개인적인 의향attitudinal concept을 형성한다.
2. 전달 받은 단어나 부호를 해석한다.
   - 단어나 부호를 해독한다.
   - 기대를 나타낸다.
   - 지각된 가치를 본다.
3. 전달 받은 메시지의 뜻을 이해하고 수용한다.
   - 행동한다.
   - 원하는 아이템을 주문한다.
   - 수익성이 있는 아이템을 주문한다.
   - 단골고객이 된다.

출처 : Jack E. Miller. Menu Pricing and Strategy. 3rd ed. VNR, 1992

메뉴를 계획하는 사람은 레스토랑의 철학과 과거의 경험, 전반적인 목적과 정책을 바탕으로 아이템을 결정하게 된다. 그에 따라 음식을 먼저 그룹화하고 품목 수 및 이름과 관련 설명, 그리고 가격을 결정한다. 잘 디자인된 메뉴는 쉽게 어필할 수 있는 것으로 고객이 보는 순간 구매동기가 생기도록 해야 한다. 그러므로 다음과 같이 메뉴 계획자가 계획한 기능적 메뉴의 역할을 잘 수행할 수 있어야 한다.

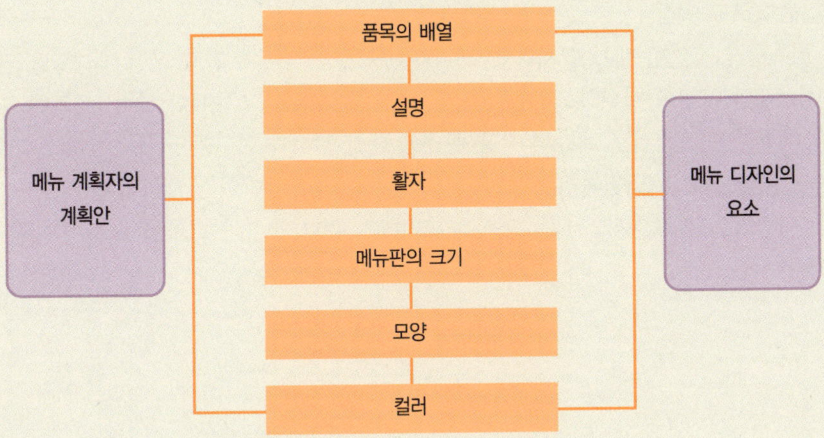


출처 : 조춘봉 외 2인. 레스토랑 메뉴경영론. 대왕사, 2008

메뉴 계획자의 계획안

# 2. 메뉴판 디자인의 이해

메뉴판 디자인이란 메뉴 계획에서 선정된 품목을 메뉴판에 옮기는 과정으로, 그저 단순한 배열이 아니라 디자인이라는 개념과 요소를 적용하여 고객과의 대화도구로서 메뉴판의 완성도를 더 높이는 과정이다.

메뉴판을 디자인할 때에는 내구성도 고려해야 하는데, 내구성은 재질과 밀접한 관계가 있으므로 재료의 선택에 유의해야 한다. 메뉴판의 재질에 따라 음식이나 레스토랑에 대한 느낌이 달라지기 때문에 재질은 디자인 면에서 중요한 요소가 된다. 그러나 무엇보다도 메뉴판의 가장 중요한 기능은 품목의 이름이나 가격 등 메뉴의 정보를 전달하는 것이다. 고객은 메뉴판의 외형을 통해 레스토랑의 전반적인 스타일과 분위기를 파악한다. 따라서 메뉴판이 고객에게 건네는 대화는 그들의 의사결정에 중요한 요인으로 작용한다.

이렇게 메뉴판은 레스토랑의 주요 판매도구로서 음식의 정보를 제공하여 식욕을 자극하고 판매율을 높이는 1차적인 기능을 수행한다. 레스토랑의 얼굴로서 이미지 형성에 영향을 미쳐 다른 곳과의 차별화를 통해 업셀링up selling을 유도하는 2차적인 역할도 담당하고 있다.

메뉴를 디자인할 때는 잠재적인 고객의 욕구를 파악하기 위해 관련 마케팅을 연구하고 현재와 미래에 계획하고 있는 설비와 고용인에 대해 조사해야 하며, 이러한 조건들을 제공하기 위해서는 메뉴의 사용 형태에 대한 분석과 연구가 선행되어야 한다. 즉 고객 분석, 설비 및 인원과 관련하여 유효하고 적절한 방안이 필요하다는 것이다. 다음은 기능적이고 효과적인 메뉴판을 디자인하기 위한 구성과 디자인 요소에 대한 내용이다.

## 1) 구성

### (1) 포맷

메뉴판을 제작할 때 일정 공간에 사진, 도형, 문자 등을 배열하는 것을 포맷format이라 한다. 이는 레스토랑에서 고객과의 심리적 접촉 효과를 고려하면서 판매되기를 원하는 품목으로 시선을 유도하도록 디자인하는 것을 말한다.

포맷이란 형식, 형태, 구성 등으로 해석할 수 있다. 메뉴판의 포맷은 그 크기와 형태, 구성되는 패널 수 등에 따라 각양각색으로 달라진다. 메뉴판 포맷은 결국 메뉴판을 어떤 형식과 형태로 구성할지를 결정하는 것으로서 이 포맷에 따라 기본적인 디자인이 정해진다. 적절한 포맷은 메뉴의 이해를 돕고 레스토랑 전체의 이미지를 표현할 수 있는 중요한 요소인 것이다.

메뉴판의 크기는 테이블에서 편히 다룰 수 있는 것이 좋으며 레스토랑의 성격에 맞춰 적합하게 구성하면 된다.

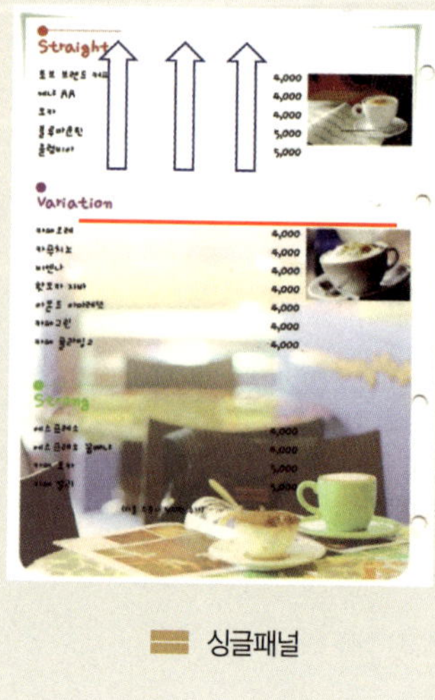

싱글패널

#### ① 싱글패널single-panel

한 면으로 구성된 형식으로서 주로 특별히 선택된 메뉴를 소개하는 데 사용하며, 공간을 반으로 나눠 시선의 초점이 되는 상단 부분에 수익성이 높은 음식들을 나열해야 한다. 일반적으로 싱글패널의 크기는 6×8inch와 9×12inch이며 직사각형, 삼각형, 원형 등 다양한 모양이 있다. 이 싱글패널 형태는 바bar나 캐주얼한 스타일의 레스토랑에서 많이 쓰인다.

투패널 폴드

② **투패널 폴드**two-panel fold

가장 흔히 접할 수 있는 메뉴판 스타일이라 할 수 있다. 이 형태에서는 첫 장의 '왼쪽 상단' 모서리에서 두 번째 장의 '오른쪽 하단 모서리 1/4쯤 위를 대각선으로 가로지른 윗부분'에 가장 수익이 높은 음식을 나열하는 것이 효과적이다. 특별 판매를 원하는 품목을 이 부분에 배치하면 판매 이익의 증가를 기대할 수 있다.

투패널 폴드는 전통적인 코스요리 메뉴를 비롯해 일반적으로 가장 널리 이용되고 있으나 공간이 좁아 많은 품목을 나열할 경우 레이아웃이 복잡해지고 전체적으로 조화를 이루기 어려운 단점이 있다.

투패널 멀티페이지

③ **투패널 멀티페이지**two-panel-multi-page

투패널 폴드 사이에 여러 페이지가 삽입된 형태로서 품목의 내용이 길거나 선택의 폭이 다양할 때 사용한다. 많은 종류의 품목을 담을 수 있으나 공간이 너무 많아서 메뉴 계획자에게 압박감을 줄 수 있으며, 음식을 선택하는 데 시간이 오래 걸려 객석 회전율을 떨어뜨릴 수 있다.

트라이패널 폴드

④ **트라이패널 폴드**tri-panel fold

3개의 패널로 구성되며 각 부분을 접어 앞뒷면은 로고나 광고, 인스티튜셔널 카피, 음식의 항목과 설명을 넣는다. 가운데 패널은 시선이 집중되는 부분으로 여기에 수익이 가장 높은 메뉴를 배치한다. 즉 가운데 패널의 윗부분이나 1/2 선의 가운데에 매출액이 높은 음식을 선보여야 한다.

⑤ 수평 투패널 폴드horizontal-two-panel fold

2개의 패널을 수평으로 접어 올려서 보는 형태이다. 기능성이나 실용성이 다소 떨어져 요즘은 거의 사용하지 않는다.

⑥ 멀티패널 폴드multi-panel fold

4개 이상의 패널로 구성된 형태이다.

멀티패널 폴드

모든 메뉴판의 목적은 구매행동을 유도하는 것이므로 그 기본 틀을 레스토랑의 특정 이미지나 특징에 맞춰 고객의 관심과 흥미를 끄는 것이 중요하다.

### (2) 배열

메뉴를 쉽게 파악할 수 있도록 적당한 공간과 여백을 두어 형태를 단순화하고, 메뉴판에 들어갈 내용을 제작자의 의도에 맞게 배치하는 것을 배열이라 한다.

메뉴판 디자인은 고객의 시선을 집중시켜 판매를 원하는 아이템을 선택하게 만드는 데 그 목적이 있다. 기본적인 디자인은 정해진 콘셉트에 따라 결정하는데, 각 레스토랑의 특성을 고려하여 적절한 크기와 페이지 수를 정해야 한다.

메뉴판을 디자인하는 과정에서 가장 중요한 요소인 배열은 레스토랑의 전략적 품목, 즉 많이 팔기를 원하는 음식을 적절한 위치에 안배하여 다른 아이템과 차별화하고 수익을 도모하는 것이다. 아이템의 위치와 배열에 따라 전체적인 메뉴의 느낌이 표현되고 매출액의 차이로 이어지기 때문에 수익성이 높은 주력 상품을 가장 돋보이게 배치함으로써 고수익을 올릴 수 있다. 관리자는 위치에 따른 기여도를 분석하여 고수익 품목을 배치함으로써 고객에게 어필할 수 있도록 메뉴를 배열해야 한다. 이를 위해 전문 디자이너의 조언이 필요하며, 색과 재질도 조화를 이루어야 한다.

메뉴판에서 일반적으로 쓰이는 배열은 대칭형 사각이나 트리형 응용 등이며 대칭형, 비대칭형, 혼합형 등으로 다양하게 활용할 수 있다. 여기에 레스토랑의 이미지나 매장의 분위기, 메뉴판의 크기와 패널 및 페이지의 수에 따라 배열을 달리하며, 창의적인 아이디어로 색다르게 꾸밀 수도 있다. 영업장의 콘셉트와 메뉴의 수, 텍스트의 양, 디자인에 적합하게 배열하는 것이 가장 중요하다. 대부분 가로세로를 정렬하여 배치하는 대칭형을 선호하며, 판매가격을 한곳에 일렬로 표시하는 것이 가장 일반적인 형태이다.

**표 3-2** / 메뉴 품목의 기본 배열

| 대칭형 배열 | 비대칭형 배열 |
|---|---|
| 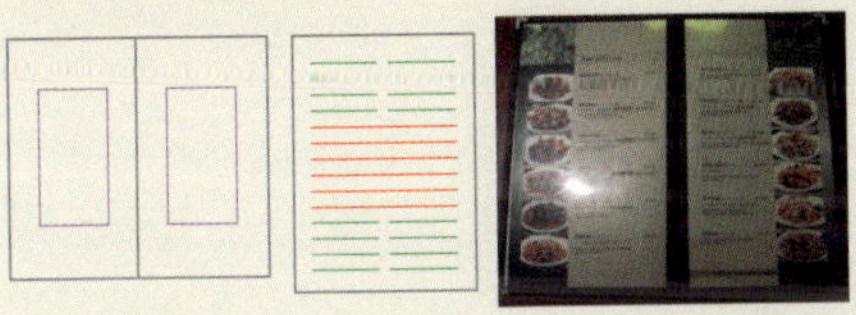 | 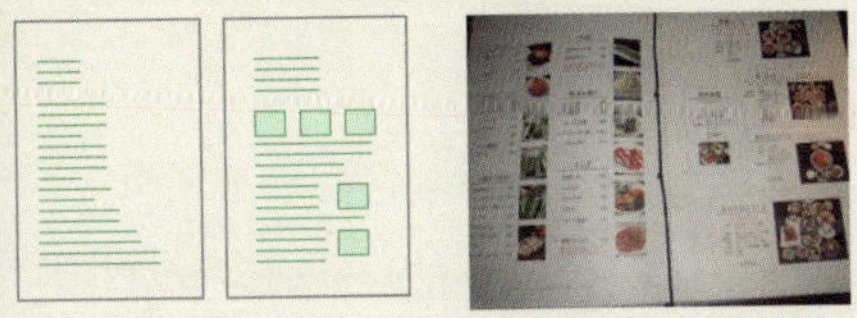 |
| **혼합형 배열** | **트리형 배열** |
|  |  |

① 음식명

음식명은 그 음식을 상기할 수 있도록 이미지화하는 데 도움을 준다. 미국레스토랑협회NRA : National Restaurant Association는 대부분의 사람이 메뉴에서 특별한 용어를 사용하는 것을 좋아하지 않는다는 연구 결과를 발표한 바 있다. 따라서 이해하기 쉬운 내용으로 평이하게 서술해야 한다. 생소한 이름을 사용하여 신선한 느낌으로 성공하는 사례도 있으나 그러한 경우는 레스토랑의 테마나 특정 목적만을 위해 사용하는 것이 바람직하다.

② 음식의 설명

고객이 메뉴에 대해 잘 인지하고 있다면 굳이 세부적으로 서술하지 않아도 무방하나, 음식에 대한 설명이 구매동기를 자극할 수 있으므로 관련 내용을 상세히 기재하는 것이 좋다. 특히 생소한 음식을 판매하는 곳에서는 그 이름을 정확히 기입하고 자세히 설명해야 한다. 재료와 조리법, 서비스 형태와 서빙 순서 등을 알려 주고, 상품의 질이나 크기, 식재료 부위 등을 표시하여 불만의 소지를 미연에 방지하는 것도 현명한 방법이다.

③ 음식의 배치

메뉴의 제공 순서는 전채－수프－생선요리－육류요리－후식이 일반적이다. 이러한 순서에 의해 배치하는 경우가 많으나 이에 따라 선택빈도가 달라지기 때문에 마케팅의 도구로 중요하다 하겠다. 처음과 마지막에 관심을 둔 음식이 가장 기억에 남는다는 이론을 바탕으로 주력 상품의 판매량을 높이는 마케팅의 원칙이 여기에 적용될 수 있겠다.

### (3) 제작과정

메뉴가 확정되면 메뉴판을 제작한다. 메뉴판은 레스토랑의 성공에 많은 영향을 미치기 때문에 디자이너나 광고 전문업체에 의뢰하는 것이 좋다. 메뉴 계획자는 메뉴판 내용 결정 ⇨ 제작사에 매장 콘셉트 통보 ⇨ 콘셉트 구체화 작업 ⇨ 디자인 확정 ⇨ 샘플 제작 및 테스트 ⇨ 타깃고객층 의견 수렴 ⇨ 매장 직원 및 매니저 사용 후 문제점 지적 및 수정 ⇨ 실제 메뉴판 제작의 단계를 거쳐 메뉴판을 완성한다.

메뉴판에 넣을 메뉴의 실사는 밝은 조명으로 촬영을 하면 그릇의 그림자가 크지 않고 음식의 색이 밝아져 선명하게 돋보일 수 있으나 너무 밝을 경우 음식이 번쩍거려 자칫 가벼운 느낌을 줄 수 있다. 어두운 조명으로 촬영할 때에는 갈색이나 검은색의 음식 또는 그릇 등을 더욱 또렷하게 표현할 수 있으나 식감이 떨어질 수 있다. 음식에 초점을 맞춰 촬영을 하면 부피감이 살아나고 사실적으로 먹음직스럽게 표현되어 구매 욕구를 자극한다. 그러나 너무 가까이에서 음식만을 촬영하면 오히려 역효과를 가져올 수 있음에 주의해야 한다.

표 3-3 / 메뉴의 촬영기법

| 밝은 조명 촬영 | 어두운 조명 촬영 | 음식에 초점을 맞춘 촬영 |
|---|---|---|
|  |  |  |
|  |  |  |
|  |  |  |
|  |  |  |
|  |  |  |
|  |  |  |

## 2) 디자인 요소

### (1) 레이아웃

편집을 위해 메뉴를 적절히 배치하는 것을 레이아웃이라 한다. 효과적인 레이아웃 layout은 메뉴판의 이해를 도와 공감을 얻어 수요를 낳는다. 레이아웃의 요소로는 문자와 비주얼 요소, 표와 다이어그램, 선과 여백 그리고 색이 있다. 그중 대표적 요소인 문자는 인쇄되는 메뉴판의 크기와 급수로 나타나는 활자의 서체, 자간, 행간 등에 따라 레이아웃이 달라지므로 영업장의 콘셉트, 제작자나 공급자의 의도 등을 고려하여 적절하게 편집한다.

서체와 크기는 규칙이 있는 것은 아니나 메뉴를 쉽게 이해하고 전체적인 분위기를 파악하는 데 중요한 요소이므로 가독성이 중요하다. 가독성이란 인쇄물이 쉽게 읽히는 정도를 의미하는데, 매장 내 조명의 연출이나 고객의 연령 등 다른 요인에 의해 글자를 인식하는 데 차이가 나기도 한다. 너무 크면 동화책 같은 느낌을 주고 너무 작으면 읽기가 불편하다. 자간도 고려해야 하며 고객층, 메뉴, 매장 분위기 등에 따라 서체도 달라져야 한다.

레이아웃을 구성하는 체크 리스트는 다음과 같다. 우선 대상을 구체적으로 파악하여 그 대상의 기호에 맞게 레이아웃을 만들어야 한다. 지면의 크기를 고려해야 하며, 종이의 종류에 따라 칼라분해지정을 다르게 해야 인쇄물이 깨끗하다. 지면의 크기가 결정되면 문자나 사진, 그림 등이 들어가는 면적과 조판(인쇄되는 면적)의 크기를 확인해야 한다. 이외에도 단(인쇄물의 지면을 가로나 세로로 나눈 구획)의 수와 폭, 글씨나 사진의 양, 삽화의 표현법, 문자의 서체 · 장평 · 자간 · 행간 등을 고려하여 레이아웃을 구성한다.

알아보기

#### 레이아웃의 원칙

- 시선의 흐름 : 자연스러운 배치로 읽는 데 부담이 없어야 한다.
- 대조 : 크고 작음, 밝고 어두움 등 반대되는 부분을 잘 이용한다.
- 비례 : 지면을 나눌 때의 분할면적이나 사진의 긴 변과 짧은 변이 일정 비례를 유지하면 안정감이 있다. 보통 시각적인 비례의 기본은 황금비례(1 : 1.618)가 응용된다.
- 조화 : 색과 균형이 조화를 이루어야 한다.
- 리듬 : 같은 형태를 반복하여 시각적으로 동적인 변화를 준다.
- 악센트 : 강조의 효과가 있다.
- 통일감

### (2) 카피

카피는 메뉴에 대한 설명으로서 적절할 경우 구매동기를 부여할 가능성이 크다. 메뉴명은 간략하면서 의미가 잘 전달되어야 하며, 객관적인 상품정보 메시지를 통해 고객의 판단을 도와줄 수 있어야 한다. 카피에는 조리법을 명시하거나 식재료와 그 부위를 표시하기도 하고, 메뉴의 분량이나 품질 등을 나타날 때도 있다. 메뉴의 카피는 헤딩, 서술적 카피, 서플러멘틀 머천다이징 카피 그리고 인스티튜셔널 카피로 나눈다.

#### ① 헤딩heading

코스 또는 음식의 그룹을 분류하는 단계로서 주 헤드(major head : 전채 · 수프 · 생선요리 · 육류요리 등)와 각 코스별 주요리의 재료를 자세히 세분하는 서브 헤드(sub head : 주요리의 재료에 따라 쇠고기 · 돼지고기 · 해산물 등으로 분류) 그리고 아이템명이 포함된다.

#### ② 서술적 카피descriptive copy

문장을 간단하고 짧게 써서 정보를 더 정확히 전달할 수 있다. 이러한 카피는 메뉴에 대한 이해의 폭을 넓히고 수요자에게 음식정보를 제공하는 역할을 한다. 메뉴의 재료나 양념, 소스, 조리법 또는 크기, 질, 양, 상태, 생산지, 생산자, 브랜드, 영양가 등을 표기하기도 한다.

**1** 먼저 식초와 겨자를 넣지 않은 시원한 육수를 천천히 음미하면서 들이킨다.

**2** 면을 젓가락으로 들어 식초를 뿌린다. 육수가 아닌 면에 뿌려야 식초 향이 골고루 스며든다.

**3** 다시 한 번 육수를 들이키면서 재음미한다.

**4** 겨자를 육수에 뿌린다.

**5** 본격적으로 면을 먹기 시작한다. 메밀 면은 가위로 자르지 않고 한입 가득 먹어야 그 향취를 느낄 수 있다.

**6** 시원하고 구수한 육수를 남김없이 비운다.

음식에 대한 정보를 담은 서술적 카피

③ 서플러멘틀 머천다이징 카피supplemental merchandising copy

매장의 영업시간, 봉사료나 세금, 영업장명과 심벌, 추구하는 가치 등 메뉴 자체의 정보를 제외한 자료를 제공하는 것으로서 판매계획문이라고도 한다. 주로 레스토랑의 이름, 주소, 전화번호, 영업시간, 로고, 편의시설이나 특별 이벤트 등을 포함하여 레스토랑에서 제공할 수 있는 모든 서비스에 관한 정보를 홍보할 때 사용한다.

④ 인스티튜셔널 카피institutional copy

고객이 메뉴에 더 큰 가치를 부여하고 만족감을 높일 수 있도록 메뉴의 질, 영업장의 역사 등 관련 사실에 관한 내용을 특별히 강조할 때 사용한다.

카피는 다음과 같은 요건을 갖추어야 한다.

- 고객을 속이지 말라!
- 간단명료하게 설명하라!
- 일관되게 설명하라!
- 과장 없이 사실만을 이야기하라!
- 전문용어는 알기 쉽게 풀어 써라!
- 올바른 외국어를 사용하라!

### (3) 타이포그래피와 가독성

카피 다음으로 타이포그래피typography를 결정한다. 타이포그래피란 가독성과 의사전달의 효과를 높이기 위해 문자들을 적절하게 배치하는 인쇄상의 기교를 말한다. 메뉴판의 활자는 읽기 쉽고 가독성이 좋아야 한다. 잘 보이도록 크기도 커야 하지만 너무 크면 부담스럽기 때문에 적당한 크기에 알맞은 자간을 두어 가독성을 높이도록 한다. 평균 시력을 가진 사람이 보통의 조명 아래에서 어려움 없이 메뉴를 읽을 수 있는 크기가 적합하다. 보통 6point에서 72point까지 다양한 크기가 있으며 이보다 더 작은 글자는 읽기 어렵다.

타이포그래피와 그에 의해 영향을 받는 가독성은 메뉴의 카피에서 매우 중요한 요소이다. 가독성은 앞에서 말했듯이 문자의 독해가 얼마나 쉬운지를 나타내는 정도이다. 독해가 쉬울수록 읽기 쉽고, 읽기 쉬울수록 이해하기가 쉽다. 이해하기 쉬운 메뉴는 선택될 가능성도 커진다. 타이포그래피는 활자의 크기, 서체, 내용과의 적합성, 행간, 여백 등과 더불어 종이의 종류와 질 그리고 잉크 등이 영향을 미친다.

메뉴를 표기한 글자에 대한 일반화된 규칙은 없으나 메뉴판이 놓이는 테이블의 크기, 메뉴의 수, 영업장의 콘셉트와 밀접한 관계가 있으며 글자의 크기와 메뉴판의 페이지 수는 사용하는 언어의 종류, 메뉴의 수, 이미지 포함의 유무에 따라 영향을 받는다. 우리나라는 한글과 영어를 기본적으로 함께 표기하며, 경우에 따라 일본어, 중국어, 프랑스어 등을 병기하기 때문에 다른 나라에 비해 글자 수가 많은 편이다.

가독성을 높이는 또 하나의 요소로서 줄 사이의 공간을 뜻하는 리딩leading은 3point가 가장 적당하다. 일반적으로 글자는 밝은색 종이 위에 어두운색으로 인쇄한다. 감각 있는 디자이너라면 사무실보다 레스토랑의 조명이 더 밝은 조광기가 있다는 사실을 감안해서 작업할 것이다.

타이포그래피의 요소에 대해 보다 자세히 살펴보기로 한다.

### ① 글꼴

글꼴(서체)을 선택할 때에는 영업장의 콘셉트와 일치하고 목표고객에게도 친숙한 글꼴을 고르는 것이 유리하다. 일반적으로 명조체는 서적, 잡지나 신문의 본문에 사용하며, 고딕은 신문과 서적이나 표지판 등의 제목으로 사용한다.

양식 레스토랑의 경우에는 영어가 먼저 표기되고 다음에 한글이나 일어의 설명이 들어가야 한다. 보통 영문은 고딕체, 볼드체, 이탤릭체, 로만체 등을 기본 서체로 사용한다. 메뉴의 정보를 표현하는 글자의 디자인은 메뉴판 제작 시 매우 중요한 요소이다.

### ② 글꼴의 종류

글꼴의 종류는 3가지 이하가 좋다. 그 이상이 섞일 경우 오히려 가독성이 떨어져 고객의 선택을 방해할 수 있다. 목표고객의 평균 시력으로 어려움 없이 읽을 수 있어야 하며, 매장의 조명도 고려해야 한다.

### ③ 글자의 크기

메뉴판 디자인에서 글자의 크기를 결정짓는 요인으로는 영업장의 콘셉트, 메뉴의 수와 사용될 언어의 수, 메뉴판의 크기, 매장의 조명과 분위기, 대상고객의 특성을 비롯해 여러 가지가 있다. 글자의 크기와 더불어 글자 간의 간격인 자간과 줄 사이의 간격인 행간도 가독성에 많은 영향을 미친다. 효과적인 메뉴의 작성을 위한 일반적인 사항은 다음과 같다. 글자의 크기는 12point 이상으로 하고, 읽기 편한 소문자 형식에 행간은 3point 이상, 헤드나 작은 표제는 대문자로 표기한다. 색상의 조화도 중요하여 어울리지 않는 색들의 배치에 주의해야 한다.

글자의 크기는 레스토랑의 전체적인 환경과 인테리어 등 모든 요소를 감안해야 한다. 일반 서적에는 주로 8~12point가 많이 사용되는데, 메뉴판의 경우에는 디자인에 따라 여러 가지 크기가 사용된다.

**표 3-4** 는 활자의 크기에 따른 가독시간을 연구한 결과이다. 큰 글자의 경우에는 차이가 크지 않지만 작은 글자일 때는 차이가 많은 것을 알 수 있다.

**표 3-4** / 활자의 크기에 따른 가독시간

| 활자의 크기 | 가독시간(시그마 1/1,000초) |
|---|---|
| 36point | 9.0시그마 |
| 21point | 10.7시그마 |
| 10point | 15.0시그마 |
| 7point | 36.0시그마 |
| 4point | 43.5시그마 |

출처 : 박영배 외 2인. 호텔외식산업 식음료관리론. 백산출판사, 1999

④ 여백

메뉴를 쉽게 파악하고 인지하기 위해서는 일정 공간이 필요하므로 문단의 좌우에 일정한 여백을 지정한다. 여백은 메뉴를 쉽게 읽을 수 있도록 유형을 강조하며 메뉴가 산만해 보이는 것을 방지하는 역할을 한다. 메뉴의 나열과 그림이나 다른 자료를 위해 이용 가능한 전체 여백 중 50% 이상을 차지해야 하며 그 이하이면 답답하고 복잡해 보일 수 있다. 따라서 메뉴판의 전체적인 안정감과 균형을 위해 효과적인 여백의 배치가 필요하다.

### (4) 배색

가독성을 높이기 위한 글자의 색과 바탕색의 조합인 배색도 매우 중요하다. 색을 많이 사용할수록 제작비가 올라가므로 적절한 배색을 통해 최소한의 비용으로 가독성을 높이고 디자인 측면에서도 아름다운 것이 이상적이다.

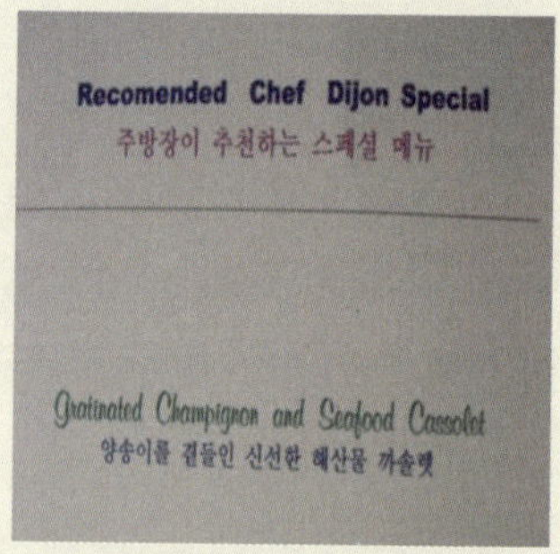


배색에 따른 활자의 부각 정도

가독성에 직접적인 영향을 미치는 것이 잉크를 비롯해 바탕 재료의 재질과 식공간요소 중 하나인 조명이다. 이들 요소에 따라 배색 효과가 달라지므로 신중하게 고려해야 한다. **표 3-5**는 바탕색에 따른 활자의 부각 정도를 나타낸 것이다.

**표 3-5** / 바탕색에 따른 활자의 부각 정도

| 매우 높음 | 보통 | 매우 낮음 |
|---|---|---|
| 노란 바탕+검은 활자 | 흰 바탕+파란 활자 | 검은 바탕+흰색 활자 |
| 흰 바탕+녹색 활자 | 파란 바탕+흰색 활자 | 노란 바탕+빨간 활자 |
| 흰 바탕+빨간 활자 | 빨간 바탕+흰색 활자 | 빨간 바탕+녹색 활자 |
| 흰 바탕+검은 활자 | 녹색 바탕+흰색 활자 | 녹색 바탕+빨간 활자 |

출처 : 박영배 외 2인. 호텔외식산업 식음료관리론. 백산출판사, 1999

### (5) 재질

메뉴판의 종이 재질도 레스토랑의 성격에 따라 달라질 수 있다. 고급 레스토랑에서는 분위기와 메뉴에 어울리는 두꺼운 재질의 고전적 종이를 많이 사용하며, 유아를 동반한 가족 단위나 젊은 층이 자주 이용하는 패밀리 레스토랑 같은 곳에서는 방수성을 겸한 견고한 재질로 제작하는 경우가 많다. 자주 바꾸지 않는 메뉴는 견고함을 기본 바탕으로 한 종이를 선택하고, 스페셜 메뉴나 데일리 메뉴 같은 1회성 메뉴는 경우에 따라 고급스럽거나 혹은 가격에 맞게 저렴하게 제작한다. 터무니없이 고급스러운 경우에는 비용 지출이 초과되고 반대로 수준이 너무 떨어지는 재질은 레스토랑의 이미지에 영향을 미치므로 예산에 맞춰 적절히 제작하는 것이 중요하다.

### (6) 비주얼 요소

비주얼적인 요소로는 대표적으로 사진과 일러스트레이션을 들 수 있는데, 이러한 요소들은 지면에서 시각적으로 주제나 메시지 혹은 이미지를 글자보다 더 강하게 인식시킬 수 있으므로 잘 활용할 경우 고객과의 유용한 커뮤니케이션 도구가 될 수 있다. 흥미를 끌기 위해 사용한 장식은 레스토랑의 이미지를 강화하기도 하는데, 인테리어나 레스토랑 전체 장식의 계획과 맞아떨어져야 그 메뉴를 더욱 살릴 수 있다. 특히 일러스트레이션은 최근에 그 의미가 확대되어 삽화와 컷 등 손으로 그린 그림만을 뜻하다가 회화, 사진 등을 포함하는 뜻으로 발전되었다.

비주얼적인 요소는 외식 산업이 성장하면서 목표고객층에 따라 중요한 의미로 작용하여 사진과 함께 지면 구성에서 중요한 조형적 가치를 지니게 되었다. 활용도가 높아지면서 다음과 같은 표현 양식에 따라 그 이미지가 결정된다.

#### ① 사실적인 표현

상품을 안내하는 광고물에서 이미지를 부각하거나 메뉴를 표현할 때 많이 사용한다. 섬세하고 정교한 것을 강조하고 싶을 때 효과적이다.

사실적인 표현

#### ② 입체적인 표현

입체적이고 아름답고 재미있는 형태로 종이나 지점토, 천 등의 재료를 사용해 표현하고자 하는 물체를 만들어 이미지에 맞도록 채색한 다음 인쇄용 컬러필름으로 촬영한 필름을 다시 삽화로 사용한다.

③ 만화적인 표현

어느 계층에서나 폭넓게 부담 없이 받아들이는 장점이 있다. 과장성, 풍자성, 유머 등 만화만이 가질 수 있는 특성을 살려 메시지를 표현한다.

만화적인 표현

④ 회화적인 표현

사실적인 표현처럼 정확하고 정교하기보다는 형태나 문형을 강조하면서 메시지를 재미있고 아름답게 표현한다.

회화적인 표현

## 3) 효과적인 프로모션을 위한 요소

메뉴판은 마케팅 믹스 중 하나인 프로모션으로 이해할 수 있다. 메뉴판의 프로모션 기능 중 가장 일반적인 내용은 사람의 시선이 지닌 특성에 관한 것이다. 이 이론을 다음과 같이 메뉴판에 적절히 적용하면 프로모션의 기능을 더욱 잘 수행할 수 있을 뿐만 아니라 수요자와의 대화를 공급자의 의도대로 풀어 나갈 수 있다.

첫째, 시선의 특성을 이용하는 방법은 마케팅에 이미 널리 적용되고 있으며, 비주얼적인 요소로서 사진이나 색의 상징성과 배색효과 등을 이용한 마케팅이 있다. 이는 색에 대한 소비자의 심리를 이용한 것이다.

둘째, 효과적인 프로모션을 위한 메뉴판 디자인에서 가장 중요한 요소는 공급자가 주력하는 상품의 배열위치이다. 이것이 바로 포지셔닝이다.

셋째, 메뉴판의 표지에서 레스토랑과 메뉴의 전반적인 분위기를 읽을 수 있어야 한다. 이것이 결과적으로 프로모션의 성공을 의미한다.

### (1) 색과 심리

메뉴판에서 색채는 소비자의 시선을 끌어 메뉴의 존재를 부각시키는 효과를 내며, 메뉴판의 의미와 이미지를 전달함으로써 만족을 최대화하고 공급자와 통합되는 느낌을 제공하여 대화 매체로서의 기능을 강조한다. 사람의 감각기관은 독립적이 아닌 상호 보완적인 것이며 색상에 대한 반응이 빨라 식욕이 증가하거나 감소하기도 하므로 메뉴판에서 시각적 요소를 이용하여 미각을 자극할 수 있다. 색이 미각 이미지로 반응

**표 3-6** / 색과 미각 이미지

| 색 | 미각 이미지 |
|---|---|
| 흰색 | 영양분 있는, 산뜻한, 청결한, 시원한 |
| 회색 | 맛없는, 불쾌한 |
| 복숭아색 | 단맛의, 부드러운 |
| 빨간색 | 영양분 있는, 진한, 신선한 |
| 적자색 | 지나치게 진한 |
| 짙은 적자색 | 따뜻한, 진한 |
| 어두운 갈색 | 맛없는, 딱딱한 |
| 오렌지색 | 단맛의, 맛있는 |
| 탁한 오렌지색 | 오래된, 딱딱한, 따뜻한 |
| 크림색 | 단맛의, 부드러운, 맛있는 |
| 노란색 | 맛있는 |
| 탁한 노란색 | 오래된 |
| 어두운 노란색 | 오래된, 맛없는 |
| 매우 연한 황록색 | 산뜻한, 시원한 |
| 황록색 | 산뜻한 |
| 어두운 황록색 | 불쾌한 |
| 매우 연한 녹색 | 산뜻한, 덜 자란 |
| 녹색 | 신선한 |
| 매우 연한 청록색 | 시원한 |
| 물색 | 시원한 |

출처 : 김찡오 외 6인. 푸드고디네이트. 교문사, 2005

하는 느낌은 **표 3-6** 과 같다.

색에는 그 색만이 가지고 있는 이미지와 의미가 있다. 색채심리학은 메뉴판 디자인에서도 인간의 심리적 요인에 많은 영향을 미치는 것으로 알려졌다. 이것을 잘 이용하면 고객의 심리를 움직여 대화도구로서의 메뉴판의 기능을 더욱 살릴 수 있을 것이다.

① 가시도

어떤 대상을 바라볼 때 가장 적절한 색은 빛의 세기에 따라 차이가 있으나 바탕색으로는 흰색 계열이 가장 적합하며, 연한 크림색이나 아이보리색 또는 연한 황록색 등도 효과적이다. 또 시각의 빠르기는 명도와 직접적인 관계가 있으며, 하얀 바탕에 검정 글씨처럼 시각이 좁고 명도가 낮을 때 식별속도가 빠르다. **표 3-7** 은 바탕색에 따른 가독성에 대한 실험 결과이다.

**표 3-7** / 바탕색에 따른 가독성 정도

| 매우 높음 | 보통 | 매우 낮음 |
| --- | --- | --- |
| 연한 크림색 바탕+검은 활자 | 밝은 황록색 바탕+검은 활자 | 검은 바탕+흰색 활자 |
| 연한 크림색 세피아 바탕+검은 활자 | 밝은 청록색 바탕+검은 활자 | 노란 바탕+빨간 활자 |
| 아주 밝은 담황색 바탕+검은 활자 | 황적색 바탕+검은 활자 | 빨간 바탕+녹색 활자 |
| 아주 진한 황색 바탕+검은 활자 | 붉은 오렌지색 바탕+검은 활자 | 녹색 바탕+빨간 활자 |

출처 : 나정기. 메뉴관리의 이해. 백산출판사, 2004

② 색채선호도

데이비드 캣츠David Catz의 실험보고서에서 전 세계적으로 그 순서가 일치한다고 보고된 색채선호도는 다음과 같다.

- 만 3세 미만 영아 : 노랑 ⇨ 빨강 ⇨ 파랑
- 어린이 : 빨강 ⇨ 파랑 ⇨ 초록 ⇨ 자주 ⇨ 노랑
- 성인 : 파랑 ⇨ 빨강 ⇨ 초록 ⇨ 보라 ⇨ 주황 ⇨ 노랑
  또는 파장이 긴 빨강, 주황, 노랑보다 파장이 짧은 파랑, 초록을 더 선호

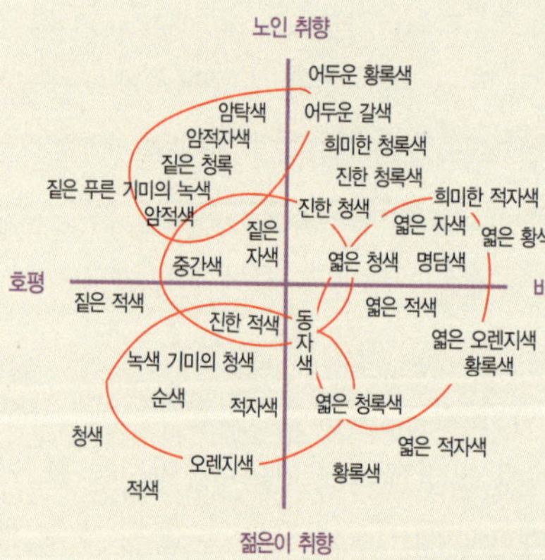


각색의 이미지 공간 내의 위치

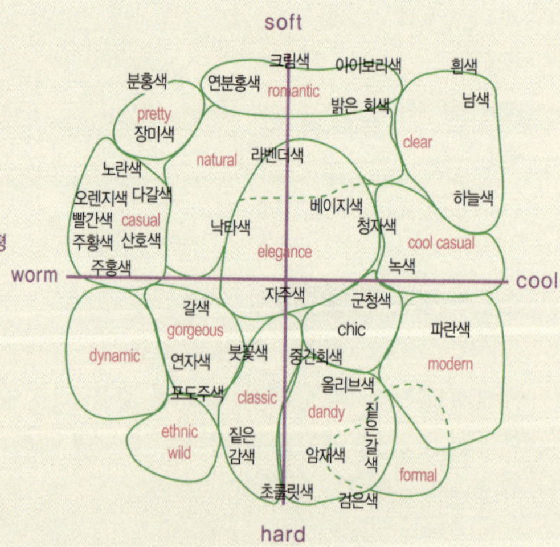


컬러 이미지 스케일

출처 : 조춘봉 외 2인. 레스토랑 메뉴경영론. 대왕사, 2008

③ 색채에 맞는 음식

음식의 색에 대한 반응은 매우 민감하고 즉각적이어서 식욕의 증진과 감퇴의 직접적인 원인이 되기도 한다.

- 식욕을 돋우는 색 : 빨강, 주황, 갈색, 담황색, 진노랑, 맑은 초록색, 복숭아색
- 식욕을 떨어뜨리는 색 : 분홍, 엷은 파랑, 엷은 자주

파란색은 다른 색의 음식들을 돋보이게 하여 배경으로 효과적이므로 음식을 촬영하거나 테이블과 식기류를 선정할 때 고려할 만하다. 빨간색과 초록색은 일반적으로 식욕을 증가시키며, 주황색 계열은 식욕을 자극한다. 노란색 계열은 식욕을 감퇴시키며, 연두색의 경우는 식욕을 현저하게 떨어뜨린다.

### (2) 포지셔닝

계획한 메뉴들을 메뉴판에 포지셔닝할 때는 이윤을 극대화할 수 있도록 세심한 배려가 필요하다. 이에 대한 연구는 대표적으로 3가지가 있다. 첫째는 시선중심점에 대한 이론이며, 둘째는 배열순서에 따른 선택빈도차이 이론, 그리고 셋째는 가격표시의 위치에 따른 이론이다.

**표 3-8** / 이윤 극대화를 위한 메뉴판 포지셔닝

| 구분 | 내용 |
|---|---|
| 시선중심점 | • 패널의 형태와 수에 따라 시선중심점이 달라진다.<br>• 싱글패널 : 패널의 1/2 지점의 상단부에 시선중심점이 위치한다.<br>• 투패널 : 오른쪽 3/4 지점과 왼쪽 상단을 이은 사선의 우측에 시선중심점이 위치한다.<br>※ 주의사항 : 자칫 접히는 부분인 중앙에 시선이 먼저 집중된 후 양면으로 분산되어 효과가 떨어질 수 있으므로 시선을 오른쪽 면으로 끌어 집중할 수 있도록 비주얼적인 요소 등을 삽입하여 유도하는 것이 좋다.<br>• 트라이패널 : 중심 패널의 2/3 지점의 위에 시선중심점이 위치한다. |
| 배열순서 | • 메뉴 아이템이 배열되는 순차에 따라 선택되는 빈도가 높아진다.<br>• 메뉴를 고를 때 대체적으로 첫 번째와 두 번째 또는 맨 마지막에 위치한 것을 다른 아이템에 비해 많이 선택한다. |
| 가격표시 위치 | • 가격을 비교하기 쉽도록 순차적으로 배열하기보다는 비교하기가 어렵게 디자인하거나 섞어서 배열하여 무조건 저렴한 가격의 메뉴를 선택하지 않도록 유도한다. |

### (3) 표지

표지는 메뉴판에 담을 모든 내용이 결정된 후 마지막 단계에 작업한다. 표지는 메뉴판의 얼굴이며 첫인상이다. 특히 다른 부분보다 사람의 손을 많이 타고 오염에 노출되는 경우가 많다. 따라서 위생적이면서도 실용적이며, 경제성과 심미적 특성을 모두 갖춘 개발이 이루어져야 한다.

전달하고 싶은 이미지와 내용을 디자인으로 잘 표현하면서 호감을 높일 수 있는 요소가 필요하며, 오랫동안 매력적으로 기억될 수 있는 아이디어도 요구된다. 표지의 크기나 형태를 다양하게 만드는 것은 극적인 효과로 매력을 높이려는 노력이다.

메뉴의 표지는 레스토랑이 원하는 분위기를 창조하고자 할 때 중요하다. 이 표지 하나로 레스토랑의 이미지를 전달하고 철학과 경영방침도 이해할 수 있기 때문에 고객과의 의사소통이 시작되는 단어나 그래픽들이 조화를 이루어야 한다. 또 그 레스토랑에 관한 의미를 주지시킬 수 있어야 하며, 이는 전체 광고 프로그램의 중요한 일부라 할 수 있다. 표지 디자인에서 고려해야 할 사항은 다음과 같다.

① 안내성

처음의 표지에서 그 메뉴의 전반적인 분위기를 읽을 수 있어야 한다. 보통 표지의 안쪽 아랫부분에 상호와 전화번호를 기재하거나 뒤표지에 상호, 전화번호, 홈페이지 주소를 명시하여 고객이 알 수 있도록 한다.

② 로고

메뉴판에 사용되는 로고logo나 도안은 그 레스토랑의 모든 것을 함축한다고 해도 과언이 아니다. 즉 로고는 레스토랑의 얼굴이다. 그러므로 메뉴 표지 디자인에서 레스토랑의 고유한 분위기에 적합한 로고는 매우 중요한 요소이다. 미국레스토랑협회에서 조사한 바로는 이상적인 메뉴판의 크기는 9×12inch(23×30cm)로 나타났다. 이는 대부분이 가장 다루기 쉬운 크기로서 이상적이라고 할 수 있으나 경우에 따라 다른 크기가 더 효과적일 수도 있다.

## 4) 고려사항

### (1) 영업장의 콘셉트를 잊지 마라

메뉴판을 만들 때 디자인에만 치중하기가 쉽기 때문에 항상 레스토랑의 영업목표와 콘셉트를 잊지 않도록 유의한다.

### (2) 경제성을 생각하라

메뉴판도 기물이다. 따라서 경제적으로 오래 사용할 수 있다면 비용 절감에 도움이 되며 결과적으로 전체 이윤이 높아진다. 외적 디자인만을 고려하고 실용적인 면을 배제한다면 상당한 비용의 손실을 겪을 수 있다.

### (3) 식공간을 고려하라

메뉴판이 테이블에 비해 너무 크거나 목표고객이 다루기 힘들거나 조명이 어두워 가독성이 떨어지는 사례가 현장에서는 빈번히 발생한다. 메뉴판만을 위한 디자인이 아니라 식공간적 요소와 조화를 이루는 디자인으로 제작하는 것이 중요하다. 따라서 메뉴판을 제작할 때에는 사용될 식공간요소들과의 관계를 잘 이해하는 것이 효과적이다.

#### (4) 포지셔닝에 유의하라

영업장은 결국 이윤을 추구하는 것이 목적임을 잊지 말고 가장 고수익을 올릴 수 있는 상품을 적절한 위치에 포지셔닝해야 한다.

#### (5) 유연성을 부여하라

추가 메뉴나 계절 메뉴 혹은 신제품 출시 등 향후 일어날 가능성이 있는 모든 일에 대비하여 유연하게 변형이나 수정 가능한 메뉴판을 제작한다.

#### (6) 충분한 정보를 담아라

영업장의 콘셉트, 역사, 위치, 세금, 영양적 정보 등 메뉴를 이해하고 레스토랑에 호감을 갖게 하는 충분한 정보를 기재한다. 그러나 내용이 너무 많으면 혼란을 초래하여 역효과를 낼 수 있으므로 읽기 쉽고 이해가 빠른 디자인으로 필요한 정보만을 제공할 수 있는 아이디어를 개발해야 한다.

#### (7) 매력을 유지하라

고객의 관심과 화제가 끊이지 않도록 테마를 발굴하고, 너무 상세하게 설명하거나 명확한 사건을 드러내기보다는 약간의 여운을 주는 것도 메뉴판의 매력을 유지하는 한 방법이다.

**표 3-9** / 메뉴판 살펴보기

메뉴판은 항상 청결하고 깨끗하게 유지해야 한다.

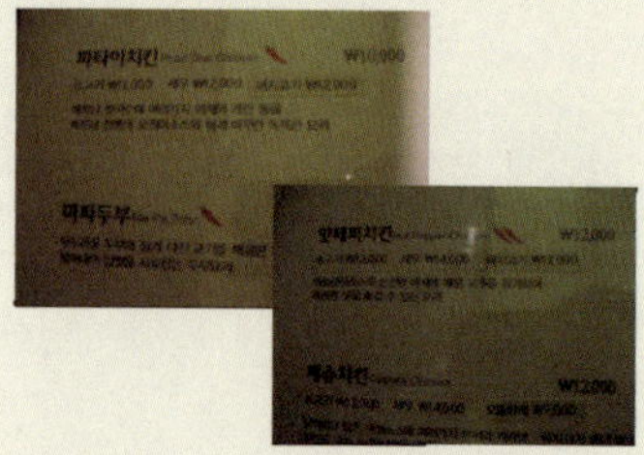

고추 모양으로 매운 정도를 나타내는 유용한 정보를 담고 있다.

가격 수정 시 스티커 사용을 배제해야 한다.

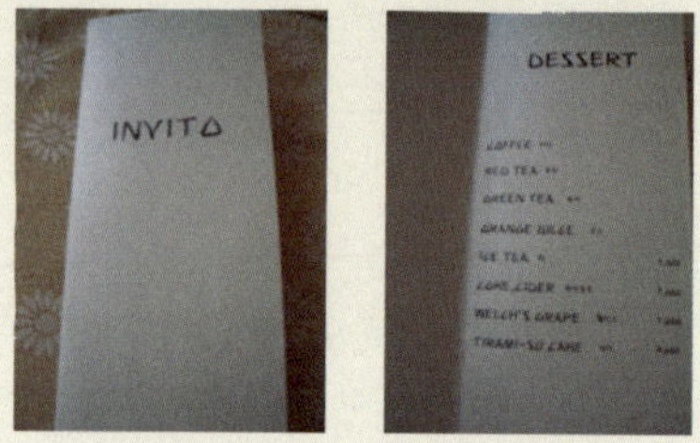


간단한 메뉴를 판매할 경우 유용한 메뉴판이나 종이로 되어 있어 오염의 소지가 많다.

너무 많은 사진을 활용하면 다소 산만할 수 있다.

왼쪽의 빈 공간에 영업장의 유용한 정보를 제공할 수 있다.

가격을 메뉴명으로 기재하는 것은 지양해야 할 방법이다.

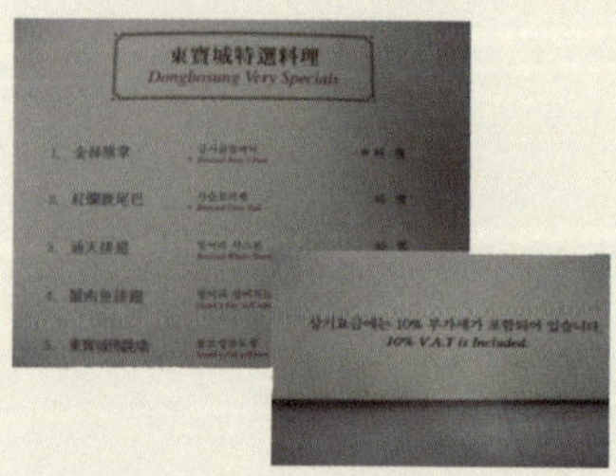


특매가격이나 부가세 등은 꼭 기재하여 오해의 소지를 없애야 한다.

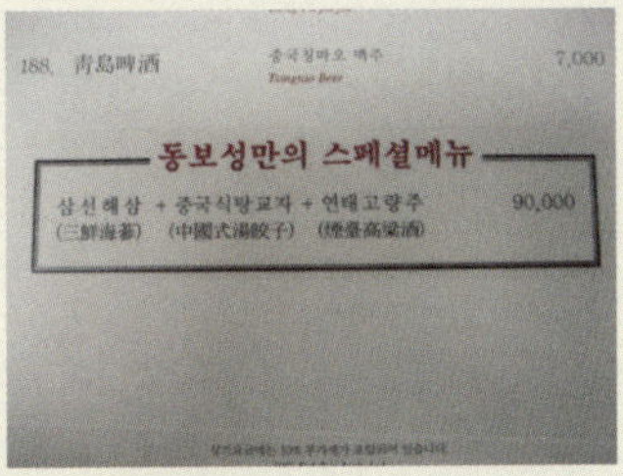


스페셜 메뉴 등을 돋보이게 하여 판매량을 높일 수 있다.

한 가지가 아닌 다양한 형태를 사용하여 재미를 더한 메뉴판이다.

청결성과 내구성을 중요시한 메뉴판이다.

은박 조임줄로 마무리하여 메뉴판의 고급스러운 이미지를 부각시켰다.

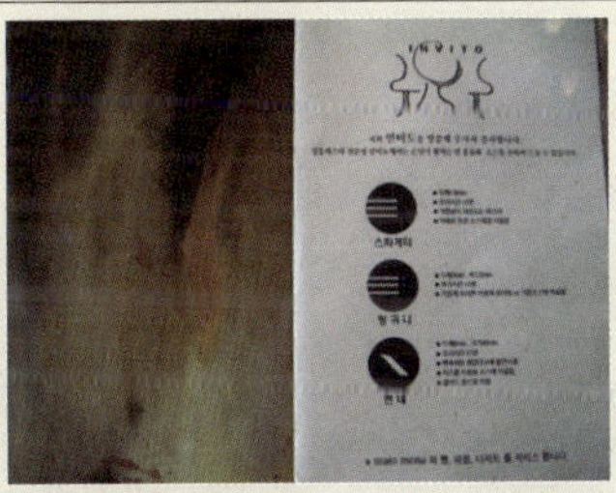


궁금한 내용이나 음식정보를 기재하여 읽을거리를 제공한 메뉴판이다.

적절한 구매시점을 포착하여 바로 구매할 수 있도록 도와주는 구매시점 메뉴판이다.

멀티패널 폴드 메뉴판은 다양성을 선보일 수 있는 이점이 있으나 테이블의 크기에 유의해야 한다.

커플 메뉴를 강조하여 판매를 증진시킬 수 있는 메뉴판이다.

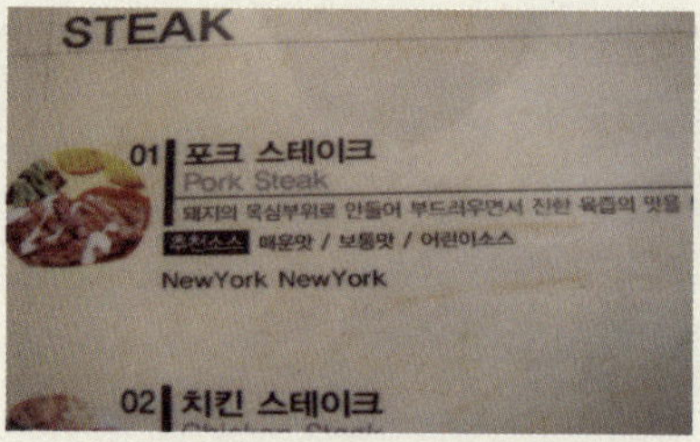


메뉴판에 추천소스를 표기하여 다양한 맛을 제공함으로써 고객의 폭을 넓힐 수 있다.

이동하는 행인의 시선을 사로잡아 매출을 올릴 수 있는 장점이 있으나 메뉴가 너무 많아 읽기가 부담스러워서는 안 된다.

스탠드 메뉴판을 사용함으로써 쉽게 눈에 띄어 홍보에 효과적이다.

지우고 다시 쓸 수 있는 벽면 메뉴판으로 메뉴를 교체하기가 쉽다.

헝겊으로 만든 메뉴판으로 장기간 사용이 곤란할 수 있으며 업소명이 소개되지 않았다.

같은 계열의 체인점이라도 해당 업체의 성격에 맞는 색상을 각각 사용하여 다양한 메뉴판을 만들 수 있다. 사진은 해산물 체인업체의 예이다.

표지가 파란색인 경우 속지에도 푸른 계열의 색상을 사용하여 통일감을 줄 수 있다.

다양한 실사와 헤딩의 색상으로 업체만의 특징을 표현할 수 있다.

가장 눈에 잘 띄는 붉은 계열의 색을 표지와 속지에 사용하여 강렬한 통일감을 줄 수 있다. 이러한 경우에는 부담스럽지 않을 정도로 적절하게 배색해야 한다.

속지에 초록색을 사용하여 독특함을 느낄 수 있으나 가독성이 떨어지는 단점이 있다.

속지에 파란색을 사용하여 신선함이 돋보이나 높은 가격이 메뉴 아이템보다 먼저 눈에 띌 수 있다.

붉은색을 사용하여 가독성이 떨어지고 실사가 눈에 잘 띄지 않을 수 있다.

잡지 형식으로 만들어 차별화를 시도하였다.

여백이 많아 시원해 보이고 읽기는 편하나 여러 가지 메뉴를 소개할 수 없다.

모든 메뉴 아이템에 실사를 넣으면 복잡해 보일 수 있다.

테이블의 규모나 업체의 특성 등을 고려하여 다양한 크기의 메뉴판을 사용한다.

| | |
|---|---|
| <br> |  |
| 실사를 넣을 때는 식감이 떨어지지 않도록 먹음직스럽게 효과적으로 표현해야 한다. | 지나치게 자세한 사진은 음식에 대한 기대감을 떨어뜨릴 수 있다. |
|  |  |
| 사진이 너무 많으면 시선이 분산되어 오히려 외면당할 수 있다. | 정성이 담긴 수작업을 통해 정겨움과 즐거움을 줄 수 있다. |
|  | <br> |
| 회화적인 표현으로 메뉴의 정보를 재미있게 전달할 수 있다. | 매장 입구에 설치하여 고객 유치에 활용할 수 있다. |
|  |  |
| 비대칭형으로 메뉴의 다양함을 강조할 수 있다. | 음료는 사이드 메뉴판을 제작하여 활용한다. |

메뉴 아이템을 한눈에 볼 수 있어 선택이 편리한 메뉴판이다.

패널의 형식과 메뉴의 배열이 불일치하여 효과가 반감될 수 있다.

테이블의 크기에 맞춰 메뉴판을 제작해야 한다.

메뉴판의 표지를 차별화하여 업체 이미지를 홍보할 수 있다.

가격이 저렴한 곳이나 빠른 객석 회전율이 필요한 경우에 사용하기 좋은 벽면 그랜드 메뉴판이다.

기타 다양한 메뉴판의 예이다.

# 4

# 메뉴의 가격 결정

1. 메뉴가격의 개념
2. 가격결정이론의 이해
3. 메뉴가격 결정의 목적
4. 메뉴가격 결정방법
5. 가격조정 전략

# 1. 메뉴가격의 개념

메뉴에서 가격price이란 소비자가 소유하거나 사용하게 될 제품이나 서비스의 이점과 혜택을 교환하는 대가로 지불하는 화폐 단위의 양을 말한다. 이는 고객 수와 판매수입에 직접적인 영향을 주기 때문에 이익과 가격에 대한 적절성과 공정성이 수반되어야 한다. 가격을 결정할 때 가장 중요한 것은 고객의 평가를 받아들이는 것이다. 대부분의 고객은 품질과 가치를 먼저 따져 보고 그다음에 가격을 고려한다. 즉 고객은 품질이 좋은 제품을 원하며, 이에 상응하는 가격이라면 기꺼이 지불하게 된다.

제품의 가격이 상승하면 수요는 감소한다는 이론에 근거하여 판매를 늘리기 위해 가격을 낮춰야 한다는 주장도 있으나 지금까지 메뉴의 가격을 결정하는 데에는 원론적 이론과 함께 심리적 요인이 자주 이용되었으며, 이러한 심리적인 가격 결정과 관련된 연구가 계속 이어지고 있다.

크레울Kreul의 연구에 따르면 소비자가 인식하는 가격에는 심리적인 면이 강하게 작용하며, 카민과 노쿠스Carmin & Norkus에 의하면 가격의 변화에 대한 소비자의 심리적인 반응을 연구한 결과 일정한 가격대에서는 가격의 미묘한 차이를 인식하지 못한다고 한다.

가격은 마케팅 믹스의 요소 중 수익 창출의 근원이며 소비자가 제품을 구매할 때 가장 민감하게 고려하는 요인으로 시장의 수요와 밀접한 관계가 있다. 또 가장 영향력 있는 경쟁수단으로서 공급자는 시장점유율을 확보하고 고객은 원하는 품목을 선택할 수 있는 도구이다. 메뉴를 계획하는 사람은 이러한 점을 염두에 두고 아이템에 대한 구성 여부를 판단해야 한다. 일부 경영자들 중에 이 같은 사항을 제대로 파악하지 않아 운영상의 비용 상승, 노동력 부족, 고객 수와 이윤 감소 등의 어려움을 겪는 경우가 있다. 따라서 합리적인 가격 결정을 위한 객관적이고 논리적인 기준을 찾아야 한다.

이렇듯 가격은 메뉴에서 기업의 이익을 창출하며 모든 기업활동에 대한 수익원으로서 단위판매량에 영향을 미친다. 고객에게는 재화 또는 서비스를 선택할 때 가장 민감하게 작용하는 요소로서 구매 결정에 영향을 미치며, 정부에는 경제 정책의 지침을 제시하는 중요한 역할을 한다.

# 2. 가격결정이론의 이해

## 1) 신제품 가격결정이론

신제품 출시 시 그 제품의 기준이나 척도, 위치에 따른 초기고가격 책정과 침투가격 책정이 있다.

표 4-1 / 신제품 가격결정이론

| 구분 | 내용 |
|---|---|
| 초기고가격 | • 시장도입기에 시장의 기반을 확보하고 고소득층으로부터 많은 이익을 획득하기 위해 책정한다.<br>• 제품의 이미지와 품질이 고高가격을 뒷받침할 수 있으며, 경쟁 제품의 품질 수준이 시장에 쉽게 진입할 수 없을 정도로 높을 때 가능하다.<br>• 상품의 수명주기에서 주로 도입기에 이러한 정책을 시행한다. 공격적 가격 전략이라 할 수 있다. |
| 침투가격 | • 시장이 가격에 민감할 시기에 구매량이 증가함에 따라 원가를 절감할 수 있고, 시장점유율을 제고할 수 있다. 경쟁사가 시장에 쉽게 진입할 가능성이 있는 환경에 적용되며, 가급적 시장가격보다 낮은 가격으로 신속하게 시장에 깊숙이 침투하기 위한 전략이다.<br>• 많은 구매자를 확보하고 시장점유율을 확대할 수 있다. 상품의 수명주기에서 성장기에 시행한다. |

## 2) 가격조정 전략

표 4-2 / 가격조정 전략

| 구분 | 내용 |
|---|---|
| 할인 전략 | • 소비자에게 금액을 지불하게 하거나 대량 구입과 비수기 구입 및 고객에 대한 호의에 따라 가격을 조절하는 것이다.<br>• 상품의 수명주기에서 주로 쇠퇴기에 시행한다.<br>• 현금할인, 수량할인, 기능할인, 계절할인이 있다. |
| 세분된 차별가격 | • 고객이나 제품, 시장에 따라 기본적인 가격을 조절하는 것이다.<br>• 가격세분시장 할인가격, 제품 형태별 할인가격, 시간제별 할인가격 등이 있다. |
| 심리적 가격 | • 가격의 심리적 가치를 고려한 것이다.<br>• 명성가격 또는 긍지가격 : 가격 변화에 따른 수요 변화를 감안하는 전략인 가격라인으로 제품의 가격이 예상범위 이하로 낮아질 경우 수요가 감소되는 것을 감안한다.<br>• 미끼가격 : 특별가격이나 미끼가격으로 고객을 유인하여 고가의 제품 구매를 유도한다.<br>• 단수가격 : 고객의 가격 인지에 기초를 둔 심리적 가격 전략이다. |
| 촉진적 가격 결정 | • 자사의 가격을 정가 이하, 원가 이하로 판매하는 것이다.<br>• 유도용 상품에 적용하거나 특별행사 가격, 현금 반환 등이 있다. |

| 가치가격 결정 | • 합당하고 정당한 가격으로 양질의 제품과 서비스를 적절히 배합하여 공급하는 것이다.<br>• 가치의 가격화는 표적소비자들이 추구하는 가치를 제공하여 가치와 품질 사이의 세밀한 균형을 찾는 것이다. |
|---|---|

# 3. 메뉴가격 결정의 목적

## 1) 가격의 전략적 역할

산업사회로 접어들면서 제품의 차별화 추세에 따라 가격의 비중이 예전에 비해 상대적으로 낮아졌으나 여전히 구매행동에 중요한 변수이며, 시장점유율이나 수익률 같은 기업의 목표를 달성하는 데에도 중요한 요인으로 작용하고 있다.

경제적 측면에서 가격은 총수익과 판매량에 영향을 준다. 이렇듯 가격은 기업이 마케팅 믹스로 활용 가능한 도구 중 가장 민감한 반응을 보이는 특징이 있으며 가장 유효한 경쟁도구로 사용할 수 있는 요소이다. 이는 경쟁사를 겨냥한 즉각적인 대응으로 신속한 효과와 반응을 볼 수 있기 때문이다. 신제품을 출시했을 때보다 판매 중인 제품의 가격인하 폭에 따라 총수익이 곧바로 영향을 받는데 이것이 전략적 도구로서의 장점이라 하겠다.

그러나 이 같은 가격인하 정책은 경쟁사에서 얼마든지 모방할 수 있다는 단점이 있다. 이는 기업의 목표 달성이나 수익성에 악영향을 미친다. 또 일단 내린 가격으로 원하는 효과나 이익을 창출할 수 없을 경우 다시 인상하기는 곤란한 것도 단점이라 할 수 있다.

## 2) 가격 결정의 목적

메뉴의 가격을 결정하는 것은 고객의 경제적, 심리적 측면 모두를 충족시켜 또 다른 매출을 유도함으로써 이익을 창출할 수 있기 때문에 중요하다. 따라서 메뉴가격 결정의 목적은 업체의 매출목표를 달성하여 수익성을 확보하고 이익을 최대화하는 객단가로 주방과 레스토랑의 합리적인 경영방안을 모색하고 고객을 지속적으로 유지하는 것이다.

표 4-3 / 가격 결정의 목적

| 구분 | 내용 |
|---|---|
| 이익추구적 목적 | • 이익 극대화 : 최대의 이익을 올리기 위한 객단가를 결정한다.<br>• 목표수익률 달성 : 매출목표를 달성하고 수익성을 확보한다. |
| 판매지향적 목적 | • 판매량 증대 : 레스토랑은 일정 기간의 판매량 증가를 목표로 하고 있으나 그것이 반드시 이익과 일치하지는 않는다.<br>• 시장점유율 유지와 증대 : 특정 레스토랑이 차지하고 있는 매출액의 비율로 동종 업계에서의 시장점유율을 알 수 있다. |
| 현상유지의 목적 | • 가격 안정화 : 대기업에서 운영하는 레스토랑이 대부분 가격리더가 되며 그 아이템이 기준화되어 있을 경우 이를 가격 결정 목표로 이용한다.<br>• 경쟁 회피 : 동종 업계에 다른 경쟁업체가 유입되는 것을 막기 위해 가격을 낮게 책정한다. |

적절한 메뉴가격 결정에 의해 판매수요에 관한 예측되는 가치를 충족하고 이익 증대를 위해 유익한 결정방법을 찾는 데 그 목적을 두고 있다.

# 4. 메뉴가격 결정방법

## 1) 가격 결정의 기본 요소

가격 결정의 기본 요소에는 시장, 경쟁사, 수요의 3가지가 있다.

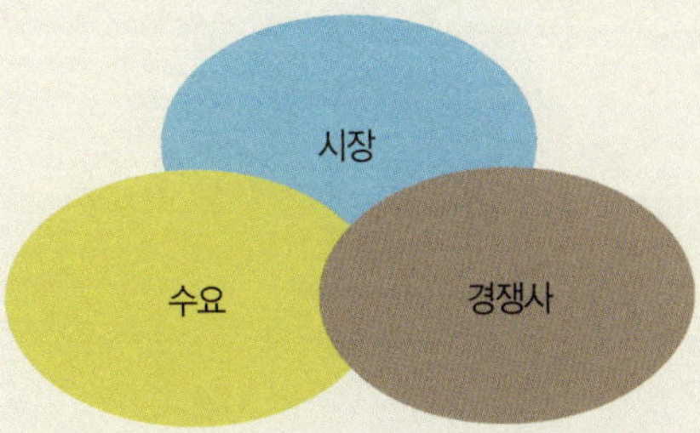


가격 결정의 기본 요소

### (1) 시장

다수의 제공자가 같은 제품을 판매하는 완전경쟁시장, 다수의 제공자가 차별화된 제품을 제공하는 시장, 단독 제공자가 대체품이 없는 독특한 제품을 독점하는 시장 등 그 형태에 따라 가격을 결정하는 범위를 다르게 정해야 한다. 마케팅 컨설턴트인 다니

엘 니머Daniel A Nimer에 따르면 '가치＝효용÷가격' 이므로 효용을 높일 수만 있다면 가격이 높더라도 소비자는 기꺼이 구매를 결정하게 된다고 한다.

### (2) 경쟁사

경쟁업체 제품의 품질과 가격, 고객의 인식 등을 분석할 필요가 있으며, 이러한 조건들이 가격 결정에 중요한 역할을 한다.

### (3) 수요

아무리 좋은 제품이라도 수요가 없다면 공급 또한 필요가 없다. 이 수요에 따라 가격 결정이 달라지므로 제품에 대한 인식과 특성 및 추세 변화 등을 파악해야 하며 이는 예상 수요량과 수요의 가격탄력성에 많은 영향을 미친다. 가격에 따라 수요가 달라지고, 그 수요에 따라 실제 판매량이 결정되기 때문에 가격이 수요에 미치는 영향을 미리 파악해야 한다.

다음은 수요의 가격탄력성으로 가격의 변화에 따른 수요량의 변화를 나타낸 것이다. 레스토랑의 총수익, 수요의 탄력성과 가격의 관계를 살펴보면 먼저 수요가 단위탄력적일 때에는($|\varepsilon_A| = 1$) 가격을 인상하더라도 총수익에 아무런 영향이 없다. 총수익을 높이기 위해 수요가 비탄력적일 때($|\varepsilon_A| < 1$) 가격을 인상할 수 있다.

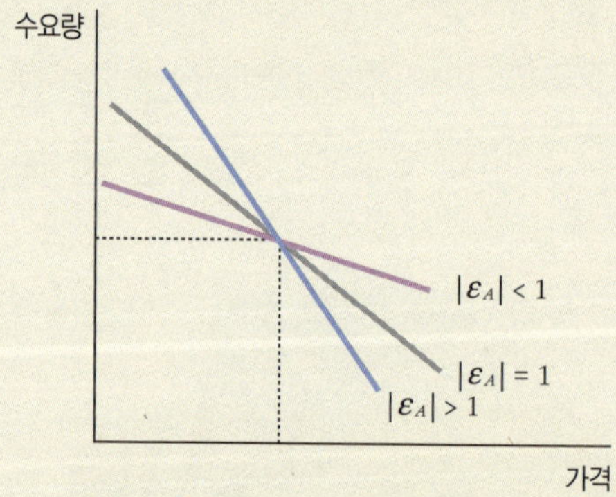


출처 : 조춘봉 외 2인. 레스토랑 메뉴경영론. 대왕사, 2008

수요의 가격탄력성

### (4) 원가

가격은 일반적으로 고정비와 변동비 같은 제품의 총비용을 충당하고 기업의 일정 수익이 보장되도록 결정하기 때문에 가격 결정에 있어 원가는 매우 중요하다.

## 2) 가격 결정 시 고려사항

### (1) 1인 평균 소비액

좌석 수, 고정비용(이윤 포함), 가변비용, 영업 일수, 1일 회전수를 가지고 1인당 평균 지출액을 산출한 다음, 시간대별로 가격이 달라질 경우를 고려하여 시간대별 평균 소비액도 산출한다.

### (2) 개별 식사단가

어느 업체의 음식가격에 비용cost이 차지하는 비율(%)만 안다면 식사 가격을 쉽게 구할 수 있다. 예를 들어 평균 비용이 40%를 차지하고 그 금액이 4,000원이라면 4,000÷0.4=10,000원이 된다.

### (3) 판매 믹스

여러 제품 중 어느 것을 얼마나 판매했는지를 나타내는 것이 판매 믹스이다. 판매 믹스에 따라 수익이 달라지기 때문에 이를 고려하지 않을 수 없다.

### (4) 좌석 회전수

하루나 일정 기간 동안 좌석 회전수가 많을수록 그만큼 판매액이 늘어난다는 의미이다. 일정 수준의 총판매액과 순수익을 기대하고자 할 때 높은 가격으로 회전수를 낮추거나 낮은 가격으로 회전수를 높이는 방법이 있다. 이것은 시설이나 제품의 특성을 고려하여 결정하도록 한다.

### (5) 타 경쟁업체의 동일 메뉴 가격

타 경쟁업체의 동일 메뉴 가격을 비교하기 위해서는 반드시 전제조건이 필요한데, 이는 1인분의 정량이 같거나 비슷해야 한다는 것이다. 종류가 같아도 정량이 다르면 비교하는 의미가 없으며, 객관적인 평가를 할 수 없기 때문이다. 이외에도 함께 제공되는 부식의 종류와 양도 반드시 고려해야 정확한 비교를 할 수 있다. 제공되는 유무형의 서비스에 대한 차별화가 분명하지 않은 경우 이러한 요소들이 가격 결정에 지대한 영향을 미친다.

### (6) 메뉴가격에 대한 고객의 반응

일반적으로 고객이 지불액의 가치를 평가하는 기준은 제공 받은 유무형의 서비스의 가치를 뜻하며 메뉴가격에 대한 고객의 반응은 그들이 인식하는 메뉴의 가치에 의해 좌우된다. 그러므로 메뉴가격은 음식 자체만을 고려하여 결정하는 것이 아니라 이러한 가치의 인식이 반영되어야 한다.

### (7) 수요의 탄력

메뉴의 아이템, 질, 가격, 환경의 변화는 그 수요를 증가시키거나 감소시킬 수 있다. 특히 가격은 인상 시 수요에 상당히 민감하게 작용한다. 가격의 인상은 수요가 탄력적일 때 레스토랑의 총수익을 감소시키며 수요가 비탄력적일 때에는 총수익의 증가를 가져온다. 그러므로 마케팅 관리자는 수요가 가격의 변화에 어떻게 반응하는지 또는 얼마나 탄력적인지를 알아야 한다.

수요가 비탄력적인 경우는 대체품이나 경쟁사가 없거나 소수일 때, 가격이 높게 책정된 것을 고객이 잘 인식하지 못하거나 구매습관의 변화와 저가 탐색의 속도가 느린 때, 고객이 높은 가격을 품질 개선이나 정상적 인플레이션 등과 연관지어 타당하게 인식하는 때이다. 그러나 만약에 수요가 탄력적이라면 판매자는 가격인하를 고려해야 한다. 이는 저가로 판매하는 것이 보다 많은 총수익을 가져올 것이기 때문이다.

### (8) 동종 메뉴 간의 가격의 호환성

동종 메뉴판에서 가격 차이가 심하면 메뉴 선택 시 고민을 하기 마련이다. 이러한 경우 일반적으로 저렴한 메뉴를 선택하는 경향이 있기 때문에 매출액을 높이기 위해서라도 동종 메뉴 간에는 가격대의 차이가 너무 크지 않아야 한다.

### (9) 신개발 메뉴의 비중

전체 메뉴 중 신개발 메뉴가 차지하게 될 비중을 파악해야 한다. 이 신개발 메뉴가 전체에서 리더 격 메뉴가 될지 전략 품목이 될지, 단순히 선택의 여지를 넓히는 메뉴가 될지에 따라 가격이 달리 책정되어야 하기 때문이다.

### (10) 위치

임대료에 영향을 미치는 레스토랑의 위치도 가격 결정과 관련이 깊다. 유동인구가 적거나 구석진 골목 안에 위치함에도 불구하고 메뉴의 질이 좋다고 하여 가격을 높게 책정한다면 고객의 발길을 기대하기 어려울 것이다.

### (11) 서비스 타입

메뉴를 제공하는 서비스의 방식, 종류와 질도 가격을 결정할 때 고려해야 한다. 커피를 예로 들어 카페와 호텔, 테이크아웃 전문점을 비교해 보면 쉽게 이해할 수 있을 것이다.

### (12) 음식의 질과 맛

식자재의 신선도와 질, 조리방식, 종업원의 기능 정도 등을 감안하여 메뉴의 가격을 결정해야 한다. 국내에서 생산되지 않는 수입 재료를 사용한다면 질적인 면에서는 우수할지라도 그만큼 원가가 높아질 수밖에 없다.

#### ⒀ 생산방식

해당 업체의 주방이 중앙주방 시스템인지 단일주방 시스템인지, 완제품인지 반제품인지의 여부도 많은 영향을 미친다.

#### ⒁ 수익률

요즘 들어 생계를 위한 수단보다는 단순히 본인이 좋아하거나 특정 고객인 마니아층만을 위해 영업을 하는 곳이 늘어나고 있다. 그러나 영업의 가장 기본적인 목적은 수익이므로 그 수익률 또한 가격 결정에 영향을 미치게 된다.

#### ⒂ 정부 규제

물가 안정과 과소비 억제 정책의 일환인 정부의 규제 등이 메뉴가격 책정에 관련요소로 작용할 수 있다.

#### ⒃ 식자재 공급시장

해당 업체의 장소와 식자재 공급시장의 위치가 너무 멀어도 공급 면에서 신속함이나 신선도가 떨어지기 때문에 이 공급시장의 위치와 조건도 가격 결정에 영향을 미친다.

#### ⒄ 가격의 수준과 폭

이미 책정된 가격의 수준과 폭 그리고 가격점과 가격점 간의 차이도 메뉴가격 결정에 영향을 준다.

### 3) 가격결정방법

가격을 결정하기 위해서는 원가가 가장 중요하다. 이 원가는 가격 결정의 하한이 되는 기준선이기 때문에 가격은 재화나 서비스를 생산하고 판매하는 데 소요되는 모든 비용을 충당하고 적정 수익률이 보장되도록 결정해야 한다.

가격을 결정하는 방법은 일반적으로 원가 중심의 가격 결정, 수요 중심의 가격 결정, 경쟁 중심의 가격 결정, 신제품 가격 결정 등으로 분류할 수 있다. 그러나 기본적으로 가격은 기업의 유지와 성장을 고려하여 결정되며, 이때 원가 중심의 가격결정방법이 우선적으로 적용되고 부수적으로 수요나 경쟁 중심의 가격결정방법이 고려대상이 된다.

### (1) 원가 중심의 가격결정방법

원가 중심의 가격결정방법cost-oriented pricing이란 말 그대로 가격을 결정할 때 특히 원가를 중시하는 방법으로서 수치를 이용하여 판매가를 계산한 후 기타 변수를 고려해 가격을 결정한다. 이를 양적인 방법과 합리적인 방법이라 부른다.

흔히 사용되는 방법으로 제품당 원가에 일정 비율을 가산하는 가격결정방법이며 단위당 원가에 일정 이익을 더하여 가격을 책정하는 것이다. 이 방법은 식재료의 원가나 인건비, 변동비율과 고정비율, 이익률을 고려하여 판매가격을 결정하며, 계산에 필요한 정보의 정확도에 의해 판매가의 정확성이 결정된다.

#### ① 팩터factor 이용방법

모든 제품에 일괄적으로 적용하기는 어려우나 대부분의 업체에서 비교적 많이 사용하고 있는 방법으로, 원가에 가산되는 이익가산방식이라고도 한다. 여기서 기준이 되는 원가는 식료의 평균 원가율이며 이전 데이터에서 얻은 원가율 또는 예상 원가율이다. 단점은 식재료의 원가만을 고려하였기에 다른 제 비용에 대한 정확한 산정이 어렵다는 것이다. 다음과 같은 공식에 의해 판매가격이 결정이 된다.

판매가격 = 식료원가 × 팩터

가장 간단한 가격결정방법으로서 과거의 영업실적 자료가 있는 레스토랑에서 많이 활용한다. 100을 원하는 식재료비율(%)로 나눈 팩터를 식재료비에 곱하여 산출하는 방식으로 예를 들면 다음과 같다.

원하는 식재료비율이 34%이고 메뉴의 원가가 3,000원일 때
100% ÷ 34% = 2.94(팩터)를 산출한 후 2.94를 원가에 곱하면
2.94 × 3,000 = 8,820이므로 판매가격이 8,820원이 된다.

#### ② 프라임 코스트prime cost 이용방법

팩터를 이용한 방법에 인건비를 추가하여 판매가격을 결정하는 방법으로서 인건비를 정확하게 산출할 수는 없으나 일반적으로 전체 인건비의 1/3을 직접인건비로 책정한다. 이 경우 조리사의 기술 정도에 따른 인건비의 차이와 메뉴 아이템을 생산하는 데 걸리는 시간에 대한 고려가 없다는 것이 단점이다.

식료원가율 40%, 전체 인건비율 21%,
표준량 목표상 식료원가 4,000원, 직접인건비 1,000원

⇩

프라임 코스트＝식료원가(4,000원)＋직접인건비(1,000원)＝5,000원
프라임 코스트율＝식료원가율(40%)＋직접인건비율(7%＝21%×1/3)＝47%
팩터＝판매가격(100%)÷프라임 코스트율(47%)＝2.1(배수)
판매가격 계산 : 5,000원×2.1＝10,500원
판매가격 결정(＋α 고려)

③ 실제원가 이용방법

제품의 생산부터 운영까지 소요되는 모든 비용과 이익을 포함시켜 판매가를 계산하는 방법이다. 위의 두 방법보다 좀 더 합리적인 방법이라 할 수 있다. 즉 식료원가와 인건비, 변동비율과 고정비율, 이익률을 고려하여 가격을 결정하며, 계산에 필요한 정보의 정확도에 의해 판매가의 정확성이 결정된다.

판매가격 계산에 필요한 고정비, 변동비, 이윤이 차지하는 비율을 계산한다.

판매가격(100%)＝총 인건비＋식료원가＋[총 매출에 대한 인건비(%)
＋총 매출 변동비(%)＋총 매출의 이윤(%)]

특정 제품에 대한 인건비와 식료원가를 액수로 표시한다.

총 인건비 ＿3,000＿ 원, 식료원가 ＿9,000＿ 원
변동비 ＿10＿ %, 고정비 ＿15＿ %
이윤 ＿12＿ %

직접비율＝판매가격(100%)－[변동비(10%)＋고정비(15%)＋이윤(12%)]＝63%
총 인건비＋식료원가＝3,000＋9,000＝12,000원
팩터＝100÷63＝1.6(배수)
판매가격＝12,000×1.6＝19,200원

④ 매출총이익 gross profit 이용방법

손익계산서에서 나타난 일정 기간의 총매출액, 식료원가, 고객 수를 고려하여 매출총이익을 계산하는 판매가격 결정방법이다. 식재료비 외에 인건비, 경비, 이익률 등 기타 요소를 고려하여 메뉴 품목들의 원가범위가 서로 비슷할 경우에 이용한다. 판매하는 품목의 수가 적고, 패스트푸드점이나 카페, 메뉴 간의 원가 차이가 적은 단체급식소 같은 영업장에 적합한 방법이다.

총매출액－식료원가＝매출총이익
매출총이익÷고객 수＝객당 매출총이익
품목의 원가 계산
품목의 판매가격＝객당 매출총이익＋원가
판매가격 결정(+α 고려)

⑤ 미국 텍사스레스토랑협회 방식 이용방법

이윤을 중요시하는 계산방법으로 식료원가, 인건비율, 변동비율, 고정비율, 이윤율 등이 필요하다. 이윤을 중요시하여 선호도와 수익률의 고저에 따라 이윤 폭을 제시할 수 있는 장점이 있다. 반대로 매출량에 따른 선호도의 기준을 정확히 제시하지 못하는 단점이 있다. 손익계산서에서 인건비율, 경비율, 이익률을 모두 합한 숫자를 100에서 뺀 후 메뉴원가를 이 숫자로 나누어 판매가격을 결정한다. 예를 들면 다음과 같다.

메뉴원가는 3,000원이고 인건비율은 35%, 운영경비는 25%, 이익률은 6%일 때 식료비율을 제외한 총합은 66%이다. 1에서 0.66을 빼면 0.34가 나오는데 메뉴원가 3,000원을 0.34로 나누면 8,824원이 된다.

⑥ 평균 객단가 이용방법

먼저 과거의 기록에서 평균 객단가를 결정짓고 그 범위 내의 모든 비용과 이윤을 고려하여 식료원가를 설정한다. 그렇게 설정된 범위 내에서 적절한 메뉴를 도출하는 방법이다. 이 방법은 고객의 수준에 맞춰 판매가격이 결정된다. 여기서는 평균 객단가를 산출하는 것이 가장 중요한 과정이다. 손익계산서상의 매출총이익을 전체 고객 수로 나눈 숫자(1인당 기여도)를 메뉴원가에 합산하는 방법으로서 식재료비만을 기준으로

한 다른 방법과 달리 식재료비 외에 인건비, 경비 등의 요소를 고려하여 메뉴들의 원가범위가 서로 비슷할 경우 활용한다. 예를 들면 다음과 같다.

> 매출총이익이 3억 원이고 방문고객 수가 7만 5,000명일 때
> 1인당 기여도는 4,000원(3억÷7만 5,000명)이며,
> 이 숫자를 메뉴원가 3,000원에 합하면 판매가격은 7,000원이 된다.

**⑦ 목표수익률법**target pricing method

일정한 목표의 생산량에 따른 총원가에 예정된 수익률을 더하여 가격을 결정한다. 이는 일정 제품 생산량의 총비용에 특정 목표이익을 가산하여 가격을 결정하는 방법이다. 따라서 재화나 서비스를 생산하고 총비용과 판매금액이 일치하는 손익분기점에서 일정 목표이익률을 합산하여 가격을 정한다. 외식 산업 매니저가 전년 매출액을 기준으로 총원가를 계산한 뒤 수요나 선호도를 고려하여 영업이익을 결정하는 것이 목표이익 가격결정방법이다.

### (2) 수요 중심의 가격결정방법

원가를 기준으로 하기보다 고객의 수요를 근거로 한 방법으로서 재화나 서비스에 대한 수요의 강약과 소비자의 가치인식을 고려하여 가격을 결정한다. 이는 외식 산업에서 기업은 원가가 아닌 잠재고객의 가치인식이나 지각을 바탕으로 가격을 결정함을 말한다. 따라서 원가보다 수요고객의 심리를 더 중요시하는 방법이다. 즉 각 가격에 따른 수요량을 예상하여 매출에 따른 이익이 최대가 되게끔 가격을 책정한다.

① 가치인식 가격결정방법

수요 중심의 가격결정법으로 메뉴의 가치인식에 근거를 둔다. 즉 메뉴의 상대적 가치를 측정하여 가격 결정에 이용하는 것이다. 이는 소비자의 인지도를 얼마나 정확하게 측정하였는지에 따라 그 유용성 여부가 결정되는데, 이를 위해 마케팅 조사를 실시하여 고객의 인지도를 정확하게 파악하는 것이 우선이라 하겠다.

② 수요차별 가격결정방법

하나의 상품을 두 개 또는 그 이상의 차별된 가격으로 판매하는 방법이다. 이 방법은 고객이나 장소, 시간 등에 따라 시장을 세분화하여 거기에 맞게 차별적으로 가격을 적용하기 때문에 시장별 가격차별법이라고도 부른다.

③ 유인가격설정법

백화점처럼 여러 가지 상품을 취급하는 곳에서 특정 제품의 가격을 싸게 하여 고객을 유인함으로써 다른 제품을 구매하도록 유도하는 전략이다. 저렴한 제품을 고가의 제품이 있는 곳에 배치하여 다른 상품의 구매를 유도하는 가격 정책이다. 레스토랑에서는 거의 적용하지 않는 방법이지만 부분적으로 이용하는 호텔도 있다.

④ 촉진가격 결정방법 promotional pricing

레스토랑의 경우 10년 전 가격으로 제공하는 이벤트 메뉴가 여기에 해당한다.

⑤ 복합가격 결정방법 multiple pricing

복합가격 결정방법은 물건을 한 개가 아닌 두 개 또는 그 이상으로 묶어서 판매하여 개당으로 구입했을 때보다 저렴하다는 인식을 심어 주는 것이다. 결과적으로 저렴하다는 심리적 인식 때문에 판매량이 증가한다.

⑥ 홀수–짝수가격 결정방법 odd-even pricing

일정선의 가격문턱threshold을 넘어서면 판매량이 갑자기 떨어지는 포인트가 있기 마련인데, 기준가격보다 조금 낮게 책정함으로써 고객으로 하여금 싸다고 믿게 만드는 심리적 효과를 이용한 가격 정책이다. 10,000원인 피자의 가격을 9,900원으로 내리면 실제 금액의 차이는 100원뿐이지만 절대가격보다 싸다고 느끼는 이치이다. 주로 짝수보다는 홀수를 많이 사용한다.

⑦ 위신가격 결정방법 prestige pricing

가격이 아무리 비싸더라도 그 재화를 소유함으로써 자신의 권위나 지위가 높아질 것이라고 믿는 고객의 심리에 맞춰 수요를 유도하는 방법이다.

### (3) 경쟁 중심의 가격결정방법

제품의 원가나 수요보다 경쟁상대의 가격에 맞서 그것을 기준으로 가격을 책정하는 방법이다. 이는 다른 어떤 요소보다 경쟁상대의 가격변동을 가장 큰 고려요소로 본다.

① 경쟁사모방 가격결정방법

제품 선정 시 메뉴 계획자들의 작업 내용을 보면 대부분이 비슷하거나 동종 업체의 메뉴를 모방하는 경향이 있다. 가격 결정의 중요성을 감안할 때는 안일하지만 의사결정자들이 가장 선호하고 널리 사용하는 방법으로, 자사의 비용이나 수요보다 경쟁상대의 가격을 기초로 가격을 결정하는 방법이다. 이렇게 다른 업체의 가격을 모방하는 방법은 주로 주관적으로 결정되며, 이것이 고객의 입장을 대변하여 가격 결정으로 이어진다. 그러나 이 방법은 원가에 대한 정확한 정보가 없어 바람직하다고는 할 수 없다.

② 가격입찰 가격결정방법

가격입찰 가격결정방법은 그 목적이 단체급식인 업체에서 경쟁입찰에 의해 가격을 결정하는 것이다. 이 방법은 원가나 수요에 기준을 두지 않고 경쟁사들이 형성할 제품의 가격 선을 예측하여 가격을 결정한다.

③ 선도가격 결정방법

원가 면에서 동종 업계의 가격 변동에 가장 큰 영향력을 지닌 업체(가격선도자)에 의해 가격이 결정되면 나머지 업체들이 그것을 기준으로 가격을 결정하는 방법이다. 그 업체의 가격을 추종하거나 동일하게 모방하는 형태를 말한다.

④ 특매가격 결정방법

특정 제품에 주력하여 가격을 인하한 다음 고객을 끌어들여 이익을 남기기 위해 다른 제품의 가격을 높게 책정하는 방법이다.

⑤ 시장점유율확보 가격결정방법

기존 업체가 존재하는 시장에서 처음 신제품을 소개하는 경우 자사가 제시하는 침투가격이 어느 정도이면 기존 제품을 제치고 고객에게 선택될 것인지를 전제로 하여 시도하는 가격결정방법이다. 기존 업체에서 시장 침투를 막기 위해 제 살 깎아 먹기식의 가격인하 경쟁이 이루어지면 결국은 원가 면에서 우위를 차지하고 상표에 투자를 많이 한 업체가 살아남게 된다.

⑥ 관습적 가격결정방법 customary pricing

이 가격은 오랜 시간 변동되지 않은 채 고객이 인식하고 있는 가격으로 업체가 아닌 사회적 관습에 의해 결정된다. 이는 규모나 서비스 면에서 비슷한 레스토랑에 흔히 나타난다. 관습적 가격 결정이 설정된 메뉴는 가격조정보다는 메뉴의 질이나 양을 변경하는 방법을 사용한다. 자장면, 설렁탕 등이 관습적 가격 결정에 의한 메뉴라 할 수 있다.

가격을 정의하는 기준과 방법은 학자들마다 다르며 그만큼 다양하다. 코틀러P. Kotler는 원가지향적, 수요지향적, 경쟁지향적 가격 결정으로 그 방법을 제시하고 있으며 옥센펠트A.R. Oxenfeldt는 완전가격결정, 부분가격결정의 두 가지 방법으로 나누고 있다. 이처럼 판매가격은 계산이 아닌 결정에 의해 책정되는 것으로서 다양한 요인에 따라 여러 방법이 있을 수 있으며 전략적이어야 한다.

표 4-4 / 메뉴가격 결정방법의 분류

| 구분 | 내용 | |
|---|---|---|
| 원가 중심의 가격결정방법 | 팩터factor 이용방법 | |
| | 프라임 코스트prime cost 이용방법 | |
| | 실제원가 이용방법 | |
| | 매출총이익gross profit 이용방법 | |
| | 미국 텍사스레스토랑협회 방식 이용방법 | |
| | 평균 객단가 이용방법 | |
| | 목표수익률법target pricing method | |
| 수요 중심의 가격결정방법 | 가치인식 가격결정방법 | 메뉴의 가치인식에 근거를 둔 방법 |
| | 수요차별 가격결정방법 | 한 제품을 둘 이상의 가격으로 판매하는 방법 |
| | 유인가격설정법 | 특정 제품의 가격을 싸게 하여 고객을 유인하는 방법 |
| | 촉진가격 결정방법 | 이벤트 메뉴의 경우 |
| | 복합가격 결정방법 | 묶음판매가 낱개구입보다 저렴하다는 인식을 심어 주는 방법 |
| | 홀수-짝수가격 결정방법 | 기준가격보다 가격을 낮게 책정하여 싸다고 믿게 만드는 심리적 효과를 이용한 방법 |
| | 위신가격 결정방법 | 제품을 소유함으로써 자신의 권위가 높아질 것이라고 믿는 심리를 이용한 방법 |
| 경쟁 중심의 가격결정방법 | 경쟁사모방 가격결정방법 | 자사의 비용이나 수요보다 경쟁상대의 가격을 기초로 가격을 결정하는 방법 |
| | 가격입찰 가격결정방법 | 경쟁 입찰에 의해 가격을 결정하는 방법 |
| | 선도가격 결정방법 | 원가 면에서 가격 변동에 가장 큰 영향력을 지닌 업체에 의해 가격을 결정하는 방법 |
| | 특매가격 결정방법 | 고객을 끌어들인 다음 이익을 남기기 위해 다른 제품의 가격을 높게 책정하는 방법 |
| | 시장점유율확보 가격결정방법 | 신제품 소개 시 자사가 제시하는 가격이 어느 정도이면 기존 제품을 제치고 고객에게 선택될 것인지를 전제로 하여 결정하는 방법 |
| | 관습적 가격결정방법 | 사회적 관습에 의해 가격이 결정되는 방법 |

### 4) 가격결정유형

품질에 따라 가격 전략도 달라져야 하는데, 먼저 고품질일 경우에는 고객의 입장에서 당연히 받아들여질 수 있는 고가격 전략을 사용할 수 있다. 품질이 뛰어난 만큼 가격이 높아도 그 가치에 상응하는 대가를 지불하는 것을 당연하게 여기도록 만드는 전략이다. 또 다른 경우는 고품질 전략으로 가격은 품질에 비해 조금 저렴하게 책정하고 고객이 싼 값에 비싼 제품을 구입하여 알뜰 구매를 한 것처럼 생각되도록 심리를 이용하는 것이다. 마지막으로 고품질에 적용할 수 있는 최고급 전략은 가격 자체를 대폭 인하하여 구매행동을 유발하는 것으로서 주로 홈쇼핑에서 많이 사용하는 심리 전략이다.

중품질과 저품질 또한 고품질 제품과 마찬가지로 이러한 심리를 이용하여 가격 전략을 세울 수 있다. 중품질을 저가격으로 판매할 경우 품질은 어느 정도 우수하나 가격은 저렴하게 하여 특별판매라는 의미를 실어 특매 전략을 실시하거나 품질이 낮은 제품은 알뜰하게 구매할 수 있도록 절약 전략을 펼쳐 구매동기를 유발할 수 있다. 가격결정유형의 내용은 **표 4-5** 와 같다.

**표 4-5** / 가격결정유형

| 구분 | 고가격 | 중가격 | 저가격 |
|---|---|---|---|
| 고품질 | 고가격 전략 | 고품질 전략 | 최고급 전략 |
| 중품질 | 과다가격 전략 | 평균가격 전략 | 특매 전략 |
| 저품질 | 속임수가격 전략 | 저급중간가격 전략 | 절약 전략 |

# 5. 가격조정 전략

가격은 한번 결정되었다 하더라도 항상 똑같이 제시되지는 않는다. 필요에 따라 언제든지 내외적 환경에 맞게 적절히 조정될 수 있다. 가격의 조정은 인상과 인하의 두 가지로 나눌 수 있다.

## 1) 가격인상

일반적으로 가격의 인상은 제품에 대한 이윤의 폭은 높일 수 있으나 상대적으로 고객의 수요를 감소시킨다. 또 기호나 특성에 따라 편의성 등 자신이 원하는 요인이 있을 경우 높은 가격을 지불해서라도 그것을 추구할 수도 있다. 그 식사에 대한 가치를 판단하는 시점은 일반적으로 식사를 마치고 계산을 할 때이다. 만약 고객이 식사의 질이나 가치를 가격보다 높게 평가한다면 식사에 대한 주관적 가격은 적당하거나 만족스럽다고 인식할 것이다.

판매량의 감소 없이 메뉴가격을 인상할 수 있다면 최상의 만족을 얻을 수 있겠지만 가격의 인상은 판매량의 변화로 이어질 수밖에 없다. 다음과 같은 요인에 의해 이미 가격결정이 이루어졌어도 장단기적으로 가격을 인상할 수 있다.

### (1) 가격인상요인

#### ① 제품원가 상승

식재료나 임금이 오르면 제품의 원가가 상승하므로 업체의 적정 수익을 위해서는 가격을 인상해야만 한다.

#### ② 메뉴의 재포지셔닝

기존 메뉴를 원래의 재료나 맛을 개선하여 새로 포지셔닝할 때에는 그전의 가격보다 일정 수준만큼 더 인상해야 한다. 이때 기존 메뉴보다 맛과 질이 더 뛰어나야 고객이 불만을 제기하지 않는다.

#### ③ 독점적 우위 차지

경쟁상대가 별다른 성과를 거두지 못해 철수하고, 특정 업체가 동종 업계에서 독점적인 지위를 누릴 때 가격을 인상할 수 있다.

### (2) 가격인상 전략의 필수 요소

첫째, 효과적인 가격인상 전략을 펴기 위해서는 가격을 올리기 전에 경쟁시장에서 차지하고 있는 해당 업체의 포지션을 파악해야 한다. 브랜드가 시장에서 저-중-고중 어느 위치에 있는지, 여기에 부합하는 메뉴의 질이 적합한지, 메뉴의 가치 대비 가격에 대한 고객의 인식 정도 등을 사전 조사하여 해당 업체의 경쟁력을 판단해야 한다. 또 설문 조사를 통해 브랜드 인지도, 메뉴나 가격의 만족도 및 소비력 등을 파악해야 하며, 주 고객층에 부합하는 메뉴가격대를 설정하는 과정이 필요하다.

둘째, 인상된 가격에 대해 고객이 타당하다고 느낄 수 있어야 한다. 예를 들어 사이드 메뉴의 양과 종류를 다양화하여 선택의 폭을 넓히고 추가된 식재료를 메뉴명에 첨부하여 고객이 인지할 수 있도록 한다. 가격인상 시에는 그 범위를 5% 미만으로 조정하거나 일부 메뉴에만 적용하여 부담을 덜 느끼도록 하는 것이 효과적이다.

### (3) 효과적인 가격인상 전략

가격인상 전략은 고객이 메뉴에서 느끼는 가치에 기반을 두고 '가격 대비 가치' 제공에 최대한 중점을 두어야 한다. 이를 위해 가격 수용도에 따른 합리적이고 과학적인 전략을 수립해야 한다. 메뉴가격을 높이는 가장 효과적이면서 현실적인 방법은 메뉴의 질을 높여 가격도 함께 올리는 것이다. 이는 품질이 좋아지면 당연히 식재료비도 증가하므로 판매가격을 올려야 하는 경우에 더욱 그러하다. 여기서 중요한 것은 고객도 충분히 품질의 차이를 느껴 가격인상이 마땅하다고 인정할 수 있어야 한다는 점이다.

가격인상은 첫째, 재료비가 상승하거나 신메뉴 개발과 관련한 비용이 발생함에 따라 불가피할 때도 있으나 전략적으로 고가 정책에 맞춰 진행하는 경우가 보편적이다. 가격인상을 시도할 때에는 서비스에 대한 고객의 신뢰도가 높고 거부감이 많지 않을 정도로 브랜드의 포지셔닝과 로열티가 적정 수준 이상일 때 적합하다.

둘째, 경쟁사와 비슷하게 책정하는 방법이 있다. 같은 메뉴 카테고리에 비슷한 서비스 형태를 갖춘 선두 업체의 가격이 해당 메뉴의 가격대를 형성한다. 기존에 이미 형성된 가격을 바탕으로 가격을 책정하면 저항감은 줄어들 수 있으나 제대로 된 원가율 대비 마진율이나 물가 상승 등 내외적 요인은 반영할 수 없기에 비효율적일 수 있다.

셋째, 대응 전략을 마련해야 한다. 소비자에게는 가격이 가장 민감한 부분이기 때문이다. 외식업 경영자에게도 마찬가지이다. 구제역 파동이나 기후 변화로 인한 폭우 등 여러 가지 원인으로 고기나 야채 가격이 폭등하여 식재료비가 상승하면 메뉴의 가격 또한 오를 수밖에 없다. 이럴 때 소비자는 자신이 그 부담을 고스란히 안게 된다는 생각이 들면서 만 원 한 장으로는 점심도 해결하기 힘들다는 말이 나올 법하다.

이는 자영업자도 상품의 가격을 결정할 때 매우 신중해야 한다는 뜻이다. 가격이 인상되면 가게를 찾는 소비자도 그만큼 줄어든다고 볼 수 있다. 어쩔 수 없이 가격을 올려야 하는 상황에 부딪쳤을 때는 인근 경쟁점포의 가격변동 여부를 눈여겨볼 필요가 있다. 일례로 서울의 어느 먹자골목 한 켠에 나란히 자리한 고깃집의 경우를 살펴보겠다. 하나는 쇠고기와 돼지고기를 함께 취급하는 정육식당이며, 다른 하나는 돼지갈비 전문점이다. 두 가게 사이에 생고깃집이 새로 문을 열었다. 국내산 돼지고기를 저렴하게 판매하는 저가형 돼지고깃집으로 문을 열자마자 손님이 몰려와 문전성시를 이루었다. 양쪽 점포에서는 손님을 끌기 위해 인테리어를 새로 하고 서비스를 추가하는 등 재정비에 나섰다. 그러다 구제역의 여파로 국내산 돼지고기의 값이 폭등하자 이 저가형 돼지고깃집은 가격을 올릴 수밖에 없었고 손님은 양옆의 경쟁점포로 빠져나갔다.

이처럼 소비자는 가격에 매우 민감하다. 저가형 돼지고깃집 점주도 이런 사실을 알고 있었지만 처음의 가격으로는 치솟는 원가를 감당하기가 힘들었다. 어차피 주력 상품의 가격을 원래대로 내릴 수 없는 이상 대응 전략을 강구하기로 했다. 우선 계란찜을 원하는 손님에게 무료로 제공하였으며 무더운 여름이 오자 시원한 미역냉국도 서비스로 내놓았다. 인상된 가격 그 이상의 만족을 주자는 의도에서였다. 그러자 떠난 손님들이 다시 돌아오기 시작하였다. 가격인상에 따른 대응 전략의 필요성을 일깨운 사례라 할 수 있겠다.

#### (4) 신메뉴 출시

기존의 메뉴가격을 인상할 때에는 마진이 적을지라도 고객이 인식할 수 없을 정도로 소폭을 적용하여 저항감을 유발하지 않아야 한다. 신메뉴를 이용하여 가격을 인상할 때에는 기존의 메뉴와 차별된 아이템으로 신선한 이미지를 부각시키면서 고객에게 다가가야 하며, 기존 메뉴의 가격과 비교되지 않도록 하는 것이 좋다. 이와 함께 질적으로나 양적으로 향상된 신메뉴를 개발하여 메뉴의 가치에 대해 충분히 만족할 수 있도록 하는 것이 중요하다.

신메뉴를 출시하는 것은 다양한 고객층의 욕구를 반영하여 브랜드 인지도 제고에 효과적이며, 메뉴가격을 조정하는 방법으로 사용되기도 한다. 신메뉴 출시와 함께 기존의 메뉴가격을 올리면 신메뉴 출시를 적극 홍보하면서 예전의 가격도 자연스럽게 올려 가격인상을 쉽사리 인식하지 못하게 하거나 기존의 메뉴가격보다 높은 가격으로 신메뉴를 개발하여 기존 메뉴에 대해 심리적인 인상의 폭을 낮출 수 있다.

#### (5) 브랜드 콘셉트의 고급화

수익성 향상을 위해 섣불리 가격인상을 단행했다가 오히려 고객을 잃는 경우가 많다. 고정고객을 확보하고 있는 업체이거나 브랜드가 이미 오래되어 노후화한 경우에는 가격인상이 쉽지 않다. 이러한 업체는 먼저 가격을 올려야 하는 필요성이나 효과를 분석하여 가격인상이 불가피한 이유를 찾아야 한다. 그 결과 가격인상이 필요할 때에는 메뉴에서부터 인테리어까지 브랜드 전체를 고급화 콘셉트로 전환하거나 메뉴의 아이템 및 가격을 업그레이드한다.

#### (6) 가격인상 타당성 프로모션 전략

품질의 변화를 직접적으로 느낄 수 있게 하는 것이 바로 메뉴판이다. 신메뉴를 출시할 때마다 메뉴판을 수정하는 것은 비용 면에서 부담이 될 수밖에 없지만 전략적으로 가격인상을 계획한 경우에는 메뉴 디자인을 전체적으로 교체하여 신선함을 부각시킬 필요도 있다. 이와 함께 기존 메뉴도 이름이나 분량 등에 변화를 주어 가격을 인상할 수 있다. 가격인상의 타당성을 부각시키기 위해서는 메뉴판을 교체함과 동시에 메뉴의 질이 어떻게 개선되었는지, 어떤 식자재와 조리법이 사용되는지 등의 설명을 테이블 POP(point of purchase : 구매시점광고)에 첨부하여 좀 더 쉽게 이해하고 받아들일 수 있도록 한다. 메뉴 품질의 업그레이드와 함께 가격인상의 타당성을 높이는 프로모션 전략이 함께 이루어져야 하는데, 품질을 아무리 높였다 할지라도 이를 고객이 인지할 수 없다면 아무런 가치가 없기 때문이다.

서울의 한 갈비 판매업소는 신메뉴 출시 및 메뉴 품질 개선과 함께 메뉴판을 전면 수정하면서 평범하기만 했던 메뉴명에 변화를 주어 가격인상의 타당성을 합리적으로 어필하였다. 이를 통해 기존의 브랜드 이미지를 탈피하여 수익성과 메뉴 가치의 상승 효과를 동시에 얻을 수 있었다. 본래 7종이었던 메뉴를 20종으로 늘려 고객의 다양한 욕구를 반영하였으며 메뉴판을 교체하여 변화를 직접 느낄 수 있게 하였다.

## 2) 가격인하

시장경쟁의 수단으로 가격경쟁을 활용하는 것은 새로운 일은 아니다. 한정된 시장 수요 가운데 자사 제품의 시장 지배력을 높이는 수단으로 가격인하만큼 수월한 방법도 없다. 통상적으로 가격파괴는 규모의 경제가 적용되는 산업에서나 시장 규제가 사라지는 단계에서 제한적으로 행해져 왔다. 이러한 가격인하를 통한 시장점유율 증가의 이면에는 수익 저하, 브랜드 가치의 하락이라는 마이너스 효과도 무시할 수 없다. 따라서 가격파괴 전략은 상당히 조심스럽게 나루어야 한다.

가격을 인상하는 만큼 인하하는 경우도 빈번하며 다음과 같은 요인이 작용할 때 가능하다. 첫째는 원가 변동이다. 식자재를 저렴하게 구입하거나 직거래 유통이 이루어질 때 그 같은 유리한 원가구조로 인하여 가격을 인하하거나 조정할 수 있다. 둘째는 치열한 경쟁을 할 때이다. 경쟁상대의 시장점유율이 자사보다 우위를 차지할 때 가격인하 등의 방법으로 경쟁력을 확보해야 한다.

가격을 인하하면 매출을 올릴 수는 있으나 고가의 제품보다 품질이 떨어진다는 인식이 있어 고객의 충성도는 기대할 수 없다는 리스크를 감수해야 하는 경우가 발생할 수 있음을 감안해야 한다.

### (1) 수량할인

수량할인은 업체나 레스토랑에서 정해 놓은 수량 이상을 구매하는 고객에게 일정 가격을 할인해 주는 것을 말한다. 레스토랑에서 추천 메뉴를 선택하거나 일정한 가격만큼 구매하는 고객에게 동반자 또는 한 명분의 식사를 무료로 제공하는 것이다. 예를 들어 대형 마트에서 특정 시간에 헐값으로 물건을 판매하는 형태가 여기에 속한다.

### (2) 현금할인

레스토랑에서 연회장이나 행사장을 사용한 뒤 현금이 아닌 어음 또는 외상으로 선구매하는 경우가 자주 발생하게 된다. 현금할인은 이러한 일정 매매의 상황 아래 제품을 구매한 다음 정해진 기간 내에 대금을 지불하는 고객에게 총 구매금액에서 일정 비율을 할인해 주는 것이다. 주로 기업 또는 상용고객과 레스토랑 간의 거래 시에 적용한다.

### (3) 계절할인

계절할인은 비수기 때 경쟁사보다 가격을 낮춰 구매욕구를 자극하여 판매고를 올리고자 할 때 사용하는 방법이다. 특정한 시기나 계절 및 시간에 맞춰 가격을 내리는 것으로서 대표적인 예로 수영복을 여름이 아닌 다른 계절에 할인판매하는 경우가 있겠다.

### (4) 거래할인

거래할인은 타 지역의 레스토랑과 연계관계를 맺어 고객이 그 지역에서 식당을 이용하고자 할 때 연결시켜 줌으로써 편의나 혜택을 제공하는 거래방식을 말한다. 항공사를 예로 들면 운항 노선이나 특정 서비스가 비슷한 항공사들끼리 연계하여 마일리지를 적립해 주고 서로 고객을 보내 주는 경우가 있겠다. 이렇게 함으로써 고객은 혜택을 누리고 타 지역 레스토랑은 부수적인 수익을 창출하니 서로 윈윈하는 형태라 할 수 있다. 이를 동종 업체 간의 할인이라고도 부른다.

**Tip**

#### 가격경쟁 시대의 효과적 대응 전략

■ 하나, 새로운 시장으로 눈을 돌려라

가격 경쟁이 심화된 원인으로 제품 간의 차별성이 그렇게 크지 않다는 점을 꼽을 수 있다. 전반적인 제조기술이 향상되고 소비자의 입장에서도 수준 이하의 제품에 더 이상 관심을 갖지 않는다. 결과적으로 품질뿐 아니라 기본 사양, 디자인에 있어 경쟁사 간에 큰 차이가 없어진다. 저가격으로 성공하는 일 자체가 기타의 조건에서는 차별화 포인트가 적다는 의미이기도 한 탓이다.

가격경쟁에서 성공하는 기업들의 첫 번째 조건은 경쟁자가 발붙일 수 없는 새로운 시장으로 고객을 유인하는 것이다. 일본 제1의 생활용품 기업인 카오花王가 대표적인 경우이다. 카오는 꾸준히 새로운 제품을 시장에 출시하여 일본의 10년 장기 불황기를 포함한 과거 13년간 꾸준한 이익과 성장을 보이고 있다. 다이어트 식용유, 마루청소용 종이, 건강녹차 등의 혁신적인 제품들은 대표적인 성공 사례들이다. 지난해에는 본업인 화장품 시장에서 부쩍 외모에 관심이 높아진 일본 남성을 대상으로 8,000억 엔의 매출을 올리기도 하였다.

차별화된 제품 개발을 위해서는 소비자의 생각을 앞서 읽는 것이 중요하다. 카오의 경우도 본사 직원의 3분의 1이 연구개발 인력이라고 한다. 또한 실시간 소비자 니즈 대응 목적으로 자사 시장 환경 분석도구인 ECHO 네트워크 시스템을 활용하고 있기도 하다.

월마트의 공습을 받은 토이저러스Toys' R' Us의 대응도 주목할 만하다. 얼마 전 토이저러스는 주력 사업 영역을 장난감에서 유아용품으로 전환한다고 발표하였다. 불의의 일격을 받은 후에 뒤늦게 수습하는 성격이 아니다. 이미 1996년부터 베이비저러스Babies' R' Us라는 신생아용품 전문 몰을 출범하여 위기에 대비해 왔다. 이 밖에도 교육용 장난감과 놀이기구 전문 몰인 이미지내리엄Imaginarium, 장난감에서 의류, 먹을거리 등 어린이 전용 상품을 한곳에서 구매할 수 있는 키저러스Kids' R' Us 등으로 새로운 경기장을 꾸준히 개척해 왔다. 그 결과 월마트의 저가 공격에도 큰 흔들림 없이 사업을 진행할 수 있었다고 한다.

■ 둘, 기존의 가치사슬을 재점검하라

가격경쟁에서 이기기 위해서는 내부 체질의 개선은 기본 요건이다. 최근의 저가격 선제 공세를 퍼붓는 기업들은 바로 이 점에서 우위를 선점한 셈이다. 기존의 사업 관행이나 자사의 가치사슬을 새롭게 구성한 것이다.

직접판매방식의 델컴퓨터가 대표적인 사례이다. 델은 중간상을 거치지 않는 유통방식과 그로 인한 부수 효과인 낮은 재고 부담 등으로 경쟁사 대비 20% 이상 저렴한 가격으로 제품을 공급하고 있다. 그렇다고 직접판매라는 혁신적인 생산방식에 안주하고 있지만은 않다. 부품, 운영, 제조, 물류 등 가치사슬 전반에서 끊임없는 자기 혁신으로 고객에게 최저 가격의 제공을 목표로 하고 있다. 이러한 내용은 전 세계에 흩어져 있는 조립 공장에 대한 통합 작업을 통해 2001년 이후에만 공장 단위 면적당 생산 대수를 76%나 끌어올린 사실에서도 확인할 수 있다.

최근 장기 불황을 뚫고 재기를 노리는 일본 우량 기업들의 공통점도 여기서 찾을 수 있다. 현재 일본의 제조기업들은 저가격의 중국산 제품들에 결코 뒤지지 않는 생산 효율성을 자랑하고 있다. 올해 초부터 본격적인 물살을 타고 있는 해외 생산 거점의 일본으로의 U턴 현상이 두드러진다고 한다. 여기에는 기존의 가치사슬 접점마다 각고의 노력 끝에 달성한 생산성 혁신의 결과가 뒷받침하고 있다.

■ 셋, 직접마케팅기법도 중요한 수단이다

가격경쟁 상황에서는 광고 대행사를 거치지 않고 자사의 소비자를 직접 찾아가는 마케팅 기법도 각광을 받는다. 비용상의 이점은 물론이거니와 광고 효과에서도 그 성과를 인정받고 있기 때문이다.

미국의 광고 대행사들의 가장 큰 고객 가운데 하나인 코카콜라는 2003년 TV 광고비를 전년 대비 30% 이상 삭감했다고 한다. 자사 광고에 대한 미국 소비자들의 인지도가 1980년대의 40% 수준으로 급락한 최근의 시장 환경 변화에 대응하는 조치였다고 한다. 대신 북미 청소년들의 출입이 빈번한 쇼핑몰이나 인기 TV 프로그램을 통해 직접마케팅방식에 지출하는 비용을 늘리고 있다고 한다.

얼마 전 면도기 시장의 강자인 질레트는 18세 생일을 맞이한 남자들에게 자사의 신제품 '마하3 터보'를 보냈다고 한다. 허공으로 날아가는 TV 광고비 지출에 비하면 정확한 타깃고객을 공략하는 효과적인 방법이라 할 수 있다.

최근 미국 기업들이 직접마케팅에 대한 관심이 부쩍 높아진 데에는 방송 광고를 임의로 건너뛸 수 있는 개인 비디오 녹화기PVR의 등장이 중요한 역할을 했다고 한다. 하지만 결과적으로 기업의 입장에서 비용 절감 효과가 상당하다고 한다. 새로운 광고 매체로서 인터넷, 이메일 등을 활용하는 직접광고방식은 비용 측면에서 상당한 매력이 있다. 공급자 입장에서는 보다 저렴하고 광고 매체를 통해 자사의 관심고객에게 집중된 효과적인 메시지 전달이 가능할 수도 있을 것이다.

■ 넷, 低가격에도 高감성 가치를 놓치지 마라

최근 전개되는 가격경쟁 현상들은 이전에는 보기 어려웠던 딜레마를 안고 있다. 통상 저가품들은 저렴한 비용을 무기로 하는 탓에 고가품에서 볼 수 있는 프리미엄 가치들을 끌어안기 어렵다. 하지만 최근의 가격파괴 제품들은 브랜드 가치, 디자인 등 감성적인 측면에서도 결코 뒤지지 않는다.

국내 화장품 시장에 돌풍을 일으키고 있는 3,300원 콘셉트의 미샤MISSHA가 수억 원대 모델을 연이어 기용한 일이 대표적이다. 저가품에서도 고가품에 뒤지지 않는 브랜드 가치를 구축하는 노력으로 볼 수 있다. 최근 일본에서 선풍적인 인기를 끌고 있는 하나마루 우동의 사례도 마찬가지이다. 우리 돈으로 1,000원에 불과한 100엔 우동으로 2001년 창업 이후 현재까지 180개의 매장을 보유하고 있다. 하나마루 우동의 타깃고객은 젊은 여성층이었다. 이에 따라 매장의 인테리어를 최신 유행의 세련된 감각으로 꾸미는 등 고급화 노력을 빼놓지 않고 있다. 이전에는 낮은 가격에서 기대하기 어려운 높은 감성의 품질을 제공하는 것이다.

이는 낮은 가격만으로 소비자들을 유인하기에는 역부족이라는 이야기이다. 까다로운 소비자들은 가격뿐 아니라 감성 가치 역시 쉽사리 포기하지 않는다. 이것도 해주고 저것도 해주지 않으면 시장경쟁에서 승리하기가 점점 더 어려워지고 있다.

■ 최근 가격경쟁의 차별성에 주목하라

최근의 가격경쟁이 이전과 구분되는 부분이 두 가지 있다. 하나는 가격경쟁의 동기가 시장의 구조적 변화를 배경으로 하고 있다는 점이다. 몇몇 기업의 가격 정책의 변화라기보다는 정보화에 기반하는 거대한 시장 인프라의 변화 결과이다.

두 번째로는 낮은 가격만을 공격무기로 삼는 단순한 성격이 아니라는 사실이다. 최근 마케팅 일각에서 중저가 명품의 대중화라는 '트레이딩 업trading-up' 개념이 중요하게 다루어지는 이유가 여기에 있다. 낮은 가격에 높은 품질과 브랜드 가치로 무장하고 있다는 점에 주목할 필요가 있다.

가격경쟁에서 성공하는 기업들은 이러한 점을 이미 간파하고 있다. 앞서 예로 든 카오의 경우 소비자의 생각을 따라잡는 신제품 개발 능력만 뛰어난 것이 아니다. 새로운 시장 환경의 가격경쟁은 기업에 다양한 영역에서의 노력을 동시에 요구한다. 시장의 변화 흐름을 읽고 한 발 앞서 대응하는 통찰력 있는 고민이 절실한 시점이다.

출처 : 김상일. LG 경제연구원. 주간경제 801호, 2004. 10. 8

# 5 원가관리

1. 원가관리
2. 표준원가관리제도와 표준원가계산
3. 원가의 구성
4. 재료비의 계산
5. 식품 재료의 구입과 불출의 기장법
6. 감가상각
7. 손익계산

# 1. 원가관리

## 1) 원가

원가는 상품의 제조 · 판매 · 서비스 제공 등을 위해 투입된 경제 가치로서 공급을 목적으로 생산된 가치의 소비라고 할 수 있다. 메뉴의 원가는 식재료의 구입법과 보관 · 생산 · 판매의 과정에 따라 달라진다.

## 2) 원가관리의 목적

오늘날에는 이익관리의 일환으로 수치를 여러 측면에서 비교 분석하고 이를 위해 기업의 목표인 원가 절감을 실현하기 위한 모든 관리활동을 의미하는 코스트 매니지먼트cost management라고 하여 포괄적인 뜻으로 표현된다.

원가관리는 이익을 관리하기 위한 가장 중요한 요소이다. 원가관리의 주목적은 1차적으로 원가를 구성하는 판매원가와 전반적인 경비의 표준액 및 표준비율을 설정하여 실제원가와의 차이를 분석하고 원가 능률을 개선 · 향상시키는 것이다. 또 경영관리의 중요한 도구로 차기 업적을 수행하기 위한 예산을 편성할 때 체계적인 재무 계획을 세우기 위한 기준점의 정보를 제공한다. 고객과 경영자를 동시에 만족시킬 수 있는 가격을 결정하는 데 기초가 되는 원가에 대한 자료를 제공하고 경영상 필요한 구조적 변화의 의사결정에 필요한 정보를 제공하는 데 그 목적을 두고 있다.

**표 5-1** / 원가관리의 목적

| 구분 | 내용 |
|---|---|
| 판매가격 결정의 목적 | 식음료 상품을 판매하기 위한 가격을 결정하는 데 필요한 기초 자료로 사용한다. |
| 원가 통제 자료 및 관리의 목적 | 원가를 절감하기 위한 계수적 관리를 목표로 한다. |
| 예산 편성의 목적 | 예산 편성을 위한 기초 자료로 사용한다. |
| 재무제표 작성의 목적 | 재무제표 작성과 재고품 원가 산출의 자료, 기타 목적을 위한 원가의 수치를 제공한다. |

## 3) 원가계산의 기간

업체의 원가계산은 월 1회 실시가 원칙이다. 상황에 따라 3개월 또는 1년에 한 번 실시하기도 한다. 이러한 원가계산을 실시하는 기간을 '원가계산기간' 이라고 한다.

## 4) 원가계산의 원칙

**표 5-2** / 원가계산의 원칙

| 구분 | 내용 |
|---|---|
| 진실성의 원칙 | • 제조에 소요된 원가를 정확하게 계산하여 진실하게 제시한다.<br>• 실제로 발생한 원가의 거짓이 없는 진실한 파악이며, 경영의사의 결정에 대한 기초를 제공한다. |
| 확실성의 원칙 | • 확실한 결과를 얻을 수 없는 방법보다는 이론적으로 다소 결함이 있더라도 확실한 결과를 얻을 수 있는 방법을 선택한다.<br>• 실행 가능한 여러 방법이 있을 경우에 가장 확실성이 높은 방법을 선택한다. |
| 비교성의 원칙 | • 원가계산에 다른 일정 기간 동안의 것과 또 다른 부분을 비교할 수 있도록 실행해야 한다. |
| 중요성의 원칙 | • 소요된 노력에서 얻은 효과를 최대화한다. |
| 정상성의 원칙 | • 정상적으로 발생한 원가만을 계산하고 비정상적으로 발생한 원가는 계산하지 않는다. |
| 계산경제성의 원칙 | • 중요성의 원칙<br>• 원가계산 시 경제성을 고려해야 한다. |
| 상호관리의 원칙 | • 원가계산과 일반회계 및 각 요소별 계산, 부문별 계산, 제품별 계산 간에 서로 밀접한 관계를 구성함으로써 상호관리가 가능해야 한다. |
| 원가수익대응의 원칙 | • 생산품 1단위에 든 투자액을 그 수익에 대응시키는 것을 목적으로 한다. |
| 예외관리의 원칙 | • 경영관리자에게 유용한 원칙이다.<br>• 원가계산에서는 경영상의 업적표준과 비교하여 그 차이가 표시되도록 고안한 원칙이다. |
| 직접부과의 원칙 | • 특정 대상을 위한 유용한 원가계산을 원칙으로 한다. |
| 객관성의 원칙 | • 유익한 원가계산을 위해 계산을 객관적으로 수행한다. |
| 발생기준의 원칙 | • 모든 비용과 수익의 계산은 그 발생시점을 기준으로 한다.<br>• 발생기준의 원칙은 현금기준과 대립되는 원칙이다.<br>• 현금의 수지에 상관없이 원가 발생의 사실이 있으면 그것을 원가로 인정해야 한다. |
| 일관성의 원칙 | • 경영활동의 판정에 필요한 자료를 제공하기 위해 비교 가능한 방법으로 계산해야 한다. |
| 원가보고의 원칙 | • 원가숫자는 경영관리상의 책임구분에 따라 작성 및 보고해야 한다. |
| 관련성의 원칙 | • 관련되는 해당 문제 또는 목적에 대해 직접 부과한다. |
| 간접비 부여원칙의 선택에 관한 원칙 | • 간접비를 발생시킨 기본적인 활동과 이론적으로 관련성을 갖는 것이 아니면 안 된다. |

# 2. 표준원가관리제도와 표준원가계산

## 1) 표준원가관리제도

표준원가란 과학적 방법으로 미리 표준이 될 각 요소의 금액을 결정하여 그 표준에 의해 원가를 계산하고, 동시에 실제원가도 계산하여 그 차액을 산출함으로써 차액의 원인을 분석하여 관리하는 계산방법이다. 적정한 표준원가는 순수 표준원가에서 발생하는 오차를 계산한 후에 작성한 현실적인 표준원가이다. 표준원가관리제도란 지금까지의 영업실적을 분석하여 경영방침을 정하고 해당 부문의 각 품목별 가격을 결정하기 위해 미리 재료비를 예측하여 산정한 사전예상원가를 목표로 삼아 실제원가와 비교하여 경영의 기초로 삼는 방법이다. 이 방법은 경영관리, 의사결정, 노무비 절약이라는 3가지 목적을 달성하기 위한 것이다.

## 2) 표준원가계산

사후에 계산되는 실제원가계산방식에 반해 사전에 정해진 표준가격이나 표준사용량을 기본으로 제품의 원가를 계산하는 것을 표준원가계산이라고 한다. 표준원가의 기본 목적은 실제 발생한 식자재의 원가를 비교 평가할 수 있는 기준을 만드는 것이다. 원가계산에 있어 표준원가계산을 하는 목적을 구체적으로 살펴보면 다음과 같다.

- 제품, 작업방법, 공정의 표준화를 도와준다.
- 차이의 원인 분석을 위한 수단을 제공한다.
- 가격 결정 및 경영 계획 수립에 필요한 자료를 제공한다.
- 표준원가와 실제원가의 차이를 통해 경영자들의 주의를 집중시킨다.
- 원가계산제도의 운영비를 절감한다.

여기서 가장 중요한 것은 표준의 설정기준을 세우는 것이다. 원가표준은 사업의 특수성을 고려하여 노무비와 제조간접비의 표준은 제외하고 재료비표준에 의한 표준원가를 산정하는 것이 일반적이다. 그 절차는 다음과 같다.

### (1) 재료소비량의 표준 설정

외식 사업 경영에 있어 메뉴를 생산하는 데 들어가는 재료의 수량을 결정하기 위해 재료의 화학적 · 물리적 분석과 산출률, 표준조리법에 의한 재료 명세와 과거 평균 재료소모량, 품질표준, 표준 단위의 크기 등에 따라 수량을 결정한다. 정상적인 생산활동 아래서 발생하는 손실량을 감안하여 표준을 설정하게 된다.

### (2) 재료의 가격표준 설정

식재료가격의 표준은 재료 구매, 운반, 취급 등이 일정 수준의 능률을 지속할 때 달성 가능한 수치로 결정되어야 한다. 이는 최근 구매가격의 통계적 방법에 의한 추세 예측에 의존하거나 과거의 구매가격을 원가법에 의해 산정하기도 한다. 산정된 재료의 표준가격과 실제가격의 차이는 수급상황, 시장상황, 구매습관, 계절요인, 경기 등에 기인하는 경우가 많으며, 대량 구매나 다량저장관리방법 등을 통해 재료가격의 인하나 안정에 힘써야 한다. 표준원가계산이란 미리 재료비를 결정하여 사전원가를 결정하는 것으로서 다음과 같은 자료가 필요하다.

- 표준구매명세서
- 표준산출량
- 표준량 목표
- 표준분량 크기
- 메뉴 품목별 판매수량 집계표
- 메뉴 품목별 판매가
- 사용재료 매입원가

메뉴 아이템에 대한 식품산출량과 규격을 알 수 있게끔 메뉴기준표를 작성하여 담당 부서에 배치함으로써 표준분량을 설정하고 적정 원가율을 유지하도록 한다 **표 5-3** .

표 **5-3** / 메뉴기준표

| No. | | 메뉴기준표 | | 현장명 | |
|---|---|---|---|---|---|
| 메뉴명 | 연근크림 스파게티 | 기준 | 2인분 | 날짜 | |
| | | 단가 | 11,955원 | 판매가 | 25,000원 |

| No. | 재료명 | 재료량 | 금액 | 열량 |
|---|---|---|---|---|
| 1 | 연근 | 50g | 325원 | 34kcal |
| 2 | 새몰리나 | 100g | 5,900원 | — |
| 3 | 베이컨 | 3장 | 750원 | 300kcal |
| 4 | 피망 | 1/2개 | 450원 | 9kcal |
| 5 | 느타리버섯 | 1개 | 780원 | 30kcal |
| 6 | 미니새송이버섯 | 5개 | 900원 | 60kcal |
| 7 | 다진 마늘 | 2T | 500원 | — |
| 8 | 양파 | 1/2개 | 50원 | — |
| 9 | 무가당 휘핑크림 | 100ml | 900원 | 258kcal |
| 10 | 우유 | 100ml | 400원 | 64kcal |
| 11 | 파마산치즈 | 4T | 600원 | 250kcal |
| 12 | 달걀 | 3개 | 400원 | 240kcal |
| | total | | 11,955원 | 1,245kcal |

만드는 방법

1. 깨끗한 바닥에 새몰리나 100g을 오목하게 만들어 그 안에 달걀 3개와 소금 2T을 넣고 반죽한다.
2. 반죽을 하면서 연근즙을 넣어 농도를 맞춘다.
3. 생파스타 기계에 반죽을 넣어 생면을 만든다.
4. 접시에 올리브오일을 두른 후 생면과 버무린다.
5. 야채를 썰어 준비하고 베이컨은 1cm 크기의 정사각형으로 잘라 플랑베한다.
6. 달군 팬에 마늘과 양파를 먼저 살짝 볶은 다음에 연근, 피망, 버섯을 넣고 볶는다.
7. 휘핑크림과 우유를 1 : 1의 비율로 맞추고 삶은 생면을 넣는다.
8. 소금 1/2T을 넣어 간을 맞추고 후추 1/2T과 바질 1T을 뿌린다.
9. 마지막으로 파마산치즈 2T을 넣는다.

- **요리의 특징** : 기존의 까르보나라 스파게티와 아삭한 질감이 살아 있는 연근이 색다른 조화를 이룬다. 무가당 휘핑크림을 사용하여 열량을 낮춰 임산부를 위한 영양식으로 좋다.
- **담는 요령** : 스파게티를 돌려 접시에 담은 후 파슬리를 골고루 흩뿌린다.

## 3) 실제원가계산과 표준원가계산의 비교

표준원가는 실제원가를 통제하기 위한 목적으로 산출되었기에 계산된 실제원가를 표준원가와 비교하여 경영성과를 판단해야 한다. 원가차이 분석은 일반적으로 실제원가가 표준원가를 초과하는 경우와 미달하는 경우로 나눌 수 있으나 초과 분리하여 차이가 발생하는 경우에 한해 다음과 같이 가격과 수량의 차이를 구분하여 비교 분석할 수 있다.

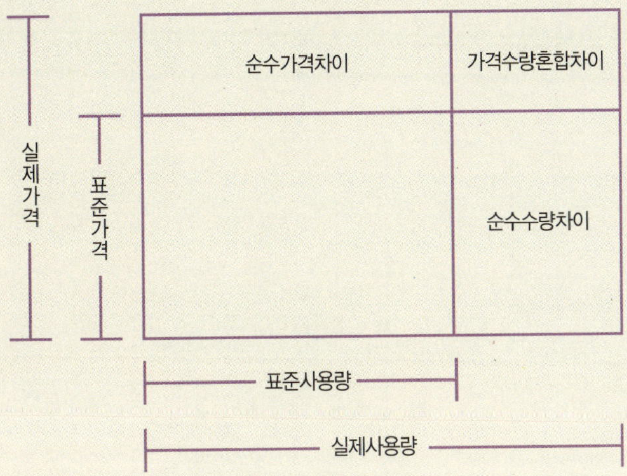


출처 : 조춘봉 외 2인. 레스토랑 메뉴경영론. 대왕사, 2008

직접재료비원가의 차이 분석도

위의 그림에서와 같이

- 직접재료비의 순수가격차이=(실제가격－표준가격)×표준사용량
- 직접재료비의 순수수량차이=(실제사용량－표준사용량)×표준가격
- 직접재료비의 가격수량혼합차이=(실제가격－표준가격)×(실제사용량－표준사용량)

으로 나타낼 수 있다. 이처럼 직접재료비차이는 가격, 수량, 혼합의 차이에 의해 이루어지고 있음을 알 수 있다.

# 3. 원가의 구성

원가는 일반적으로 크게 재료비, 노무비, 경비로 구성되며 이를 원가의 3요소라고 한다. 재료비는 제품의 생산과 제조를 위해 소비되는 물품의 원가로서 단체급식의 경우 재료비는 급식재료비를 말한다. 노무비는 제품의 제조를 위한 노동에 대한 가치로서 인적 용역의 원가를 말하며 임금, 급료, 잡급, 수당 등으로 나눌 수 있다. 경비는 재료비, 노무비 외에 필요에 따라 수도비, 광열비, 전력비, 보험료, 감가상각비 등으로 나눈다.

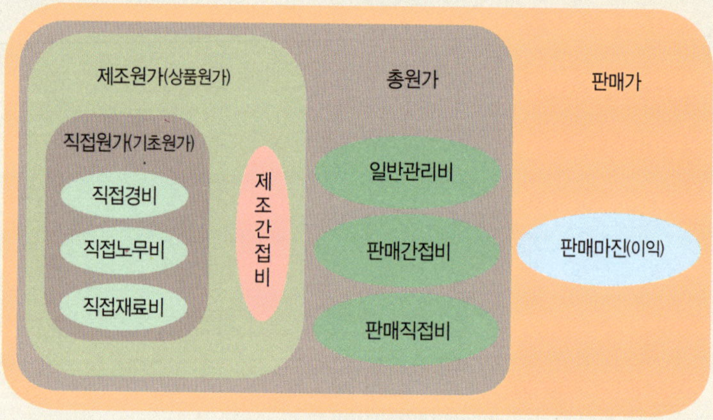


원가의 구성

### (1) 직접원가 direct cost

직접원가란 제품을 생산하기까지 소요되는 직접적인 경비의 원가요소만으로 구성된 것으로서 원재료 구매를 위한 직접재료비, 직접노무비, 외주가공비와 같은 직접경비 등 3가지를 합산한 원가를 말하며 기초원가라고도 한다.

### (2) 제조원가 manufacturing cost

제조원가란 직접원가에 제조간접비를 포함시킨 것으로서 제품을 생산하는 과정에서 소요되는 요소의 원가를 의미한다. 일반적으로 제조간접비는 보조재료비 등의 간접재료비, 간접노무비, 보험료, 감가상각비, 수도광열비 등의 간접경비로 나눈다.

### (3) 총원가 total cost

총원가란 직접원가(재료비+경비+노무비)와 제조간접비를 포함한 제조원가와 일반관리비, 판매직접비, 판매간접비를 할당하여 합산한 원가를 의미한다.

### (4) 판매가 selling cost

판매가란 제품의 판매가격으로서 총원가에 이익을 더한 것이다. 제조되어 판매될 때까지 발생한 모든 원가요소를 포함하며 변동원가와 고정원가를 합한 것을 의미한다.

# 4. 재료비의 계산

## 1) 재료비

제품을 제조할 목적으로 외부로부터 구입 조달한 물품을 재료라 하며 제품의 제조과정에서 실제로 소비되는 재료의 가치를 화폐액수로 표시한 금액을 재료비라고 한다.

재료비=재료의 실제소비량×재료의 소비단가

## 2) 재료소비단가의 계산

재료소비단가를 계산하는 방법에는 원가법, 시가법, 예정가격법, 표준가격법이 있다 표 5-4 .

**표 5-4** / 재료소비단가의 계산법

| 구분 | 내용 |
|---|---|
| 원가법<br>original cost method | 재료원장에 구입된 단가를 기초로 하여 계산 |
| 시가법<br>present price method | 재료출고 당일의 시장가격을 소비가격으로 계산 |
| 예정가격법<br>predetermined price method | 재료의 실제매입원가에 시장가격 및 변동상황을 예상하여 일정한 기간에 한해 가격을 계산 |
| 표준가격법<br>standard price method | 표준단가를 정하여 이를 소비 재료의 단가로 계산 |

재료소비단가의 계산법은 이렇게 4가지가 있으나 실제로는 원가법이 가장 많이 이용되고 있다. 원가법에 의한 재료소비단가의 계산법에는 개별법, 선입선출법, 후입선출법, 평균법이 있다 **표 5-5** .

**표 5-5** / 원가법에 의한 재료소비단가의 계산법

| 구분 | 내용 |
|---|---|
| 개별법<br>actual cost | • 재료를 구입란별로 가격표를 붙여 보관하다가 출고할 때마다 그 가격표에 표시된 구입단가를 재료의 소비가격으로 정하는 방법이다.<br>• 계산이 복잡하여 일반적으로 이용되는 방법은 아니다. |
| 선입선출법<br>first-in, first-out | • 일반적으로 많이 이용되는 방법이다.<br>• 구입일자가 빠른 재료의 구입단가를 소비가격으로 정하는 방법이다.<br>• 재료의 구입순서에 따라 구입일자가 빠른 것부터 소비하는 것으로서 인플레이션 때에는 가공이익을 계산하는 단점이 있다. |
| 후입선출법<br>last-in, first-out | • 선입선출법과는 반대로 나중에 구입한 것부터 출고되는 것으로서 재료의 소비단가를 계산하는 방법이다. |
| 평균법<br>weighed average | • 구입단가가 새로운 재료를 구입할 때마다 수량 및 재고량과 금액에 먼저 구입한 잔액과 횟수를 가산하여 새로운 평균 단가를 계산하는 방법이다. |

# 5. 식품 재료의 구입과 불출의 기장법

합리적인 재고관리를 위해서는 식품의 구입부터 불출까지의 과정을 절차에 따라 정확하게 기록해야 하며, 이를 위해 식품수불의 기록장부가 필요하다.

### (1) 선입선출법에 의한 기장

구입순서에 따라 가장 먼저 들어온 재료부터 불출한 것으로 간주하여 기록하는 방식으로서 기말재고액은 최근에 구입한 재료의 단가가 기록으로 남게 된다.

### (2) 후입선출법에 의한 기장

선입선출법과는 반대로 가장 최근에 구입한 재료부터 불출한 것으로 간주하여 기록하는 방식으로서 재료의 기말재고액은 가장 먼저 구입한 재료의 단가가 기록으로 남게 된다.

### (3) 이동평균법

재료를 구입할 때마다 식품의 재고량과 금액을 합계하여 평균 단가를 산출하고, 재료를 불출할 때는 이 평균 단가를 기입하는 방식이다.

### (4) 총평균법

일정 기간 동안 구입한 재료의 총 구입액과 이월액을 그 기간의 총 구입량과 이월량으로 나눠 평균 단가를 계산하여 불출 시에 이 평균 단가를 기입하는 방식이다. 따라서 일정 기간 동안 불출되는 재료는 불출 시 수량만을 기록해 두었다가 기말에 평균 단가를 계산하여 기록하게 된다.

평균 단가=(전기이월액+총 구입액)÷(전기이월량+총 구입량)

# 6. 감가상각

## 1) 감가상각의 개념

기업을 경영하기 위해 필요한 자산은 토지, 건물, 기계 등과 같은 고정자산과 현금, 예금, 원재료 등과 같은 유동자산 및 기타 자산으로 구분한다. 이 중 고정자산은 대부분 그 고정자산을 사용하게 되고, 기간이 경과하면서 그 자산의 가치가 소모 형태로 감소하므로 사용 기간에 따라 고정자산의 구입원가에서 잔존가치를 차감하게 된다. 이와 같이 감가상각은 유형의 고정자산을 일정한 기간의 내용연수에 일정한 비율로 분배하여 비용으로 계산하는 과정을 말하며, 이때 기간에 따른 차액으로 감가된 비용을 감가상각비라 한다.

## 2) 감가상각의 계산요소

감가상각을 위해서는 기초가격, 내용연수, 잔존가격의 3대 요소를 결정해야 한다.

### (1) 기초가격

취득원가(구입가격)에 의한 것을 기초가격이라고 한다.

### (2) 내용연수

취득한 고정자산이 유효하게 사용될 수 있는 추산기간을 말한다.

### (3) 잔존가격

고정자산이 내용연수에 도달했을 때 매각하여 얻을 수 있는 추정가격으로서 보통 구입가격의 10%를 잔존가격으로 계산한다. 즉 유형자산을 처분할 때 획득될 것으로 추정되는 금액에서 그 자산의 철거비 및 판매비용을 차감한 금액을 말한다.

## 3) 감가상각의 계산법

감가상각의 계산법에는 여러 가지가 있으며, 이 중 정액법과 정률법을 많이 적용한다 **표 5-6** .

표 5-6 / 감가상각의 계산법

| 구분 | 내용 |
|---|---|
| 정액법 | 감가상각이 시간의 경과에 정비례하여 발생하는 것으로 가정하여 매년 동일한 금액을 감가상각비로 인식하는 방법이다. |
| 정률법<br>(미상각잔액법) | 기초가격에서 감가상각비 전체 누계를 감한 상각액을 매년 일정하게 곱하여 산출한 금액으로서 고정자산을 구입한 초년도가 가장 크며 내용연수가 경과함에 따라 상각액은 점점 감소한다. |

# 7. 손익계산

손익계산은 원가나 제조가공 또는 이익 등의 여러 가지 관계를 조사 분석하여 통계적인 경영 계획을 수립하는 데 필요한 정보를 제공받기 위해 실시하는 방식이다. 손익분기점은 수익과 총비용에 해당하는 고정비와 변동비를 합한 것이 일치하는 지점으로서 여기서는 아무런 이익이나 손실이 발생하지 않는다. 그러나 수익이 그 이상으로 증가하면 이익이 발생하고 그 반대라면 적자가 발생하는 것이다.

## 1) 손익계산서의 개념

### (1) 손익계산서의 의의

손익계산서란 일정 기간 기업의 경영성과를 나타내는 회계보고서이다. 여기서 경영성과는 기업의 이익의 크기를 나타낸 것으로서 정해진 기간 동안 벌어들인 수익과 그 수익을 내기 위해 소요된 비용의 차이를 뜻하며 '수익－비용＝이익' 으로 나타낸다. 즉 수익에서 비용을 차감한 것을 이익이라고 한다.

손익계산서는 이러한 원리에 의해 작성되며, 수익과 수익을 얻기 위해 지출된 비용을 대응시켜 정해진 기간 동안의 경영활동에 대해 수익과 손실의 정보를 제공한다. 이처럼 기업의 이익정보를 제공하는 회계보고서를 손익계산서라고 하는데, 이 정보들은 일정 기간의 경영성과를 비롯해 수익성을 평가하거나 이익 계획을 수립하거나 경영자의 업적을 평가하는 데 필요한 내용과 배당 정책의 수립 및 세금결정의 기초 자료를 제공한다.

### (2) 손익계산서의 양식

#### ① 계정식 손익계산서

손익계산서를 간단하게 작성할 때 또는 회계실무를 이해하고자 할 때 이용한다. 왼쪽의 차변에는 비용항목, 오른쪽의 대변에는 수익항목을 대응시켜 계산한다.

20××년 1월 1일~20××년 12월 31일(단위 : 원)

| 과목 | 금액 | 과목 | 금액 |
|---|---|---|---|
| 매출원가 | ×××××××× | 매출액 | ×××××××× |
| 급여 | ×××××××× | 이자수익 | ×××××××× |
| 광고선전비 | ×××××××× | | |
| 소모품비 | ×××××××× | | |
| 여비교통비 | ×××××××× | | |
| 이자비용 | ×××××××× | | |
| 법인세비용 | ×××××××× | | |
| 당기순이익 | ×××××××× | | |
| 합계 | ×××××××× | 합계 | ×××××××× |

계정식 손익계산서 양식

#### ② 보고식 손익계산서

수익과 비용을 순서대로 대응시켜 손익을 계산하며, 단일단계식 손익계산서와 다단계식 손익계산서로 나눌 수 있다.

- 단일단계식 손익계산서 : 총수익에서 총비용을 한 단계만 대응시켜 당기순이익을 계산한다.
- 다단계식 손익계산서 : 비용을 여러 단계로 구분하여 당기순이익을 산출하며, 수익과 비용을 자세히 구분하여 대응시켜 평가한다. 경영성과를 평가하는 데 유용하다.

20××년 1월 1일~20××년 12월 31일(단위 : 원)

| 과목 | 금액 | |
|---|---|---|
| Ⅰ. 매출액 | | ×××× |
| Ⅱ. 매출원가 | | ×××× |
| 기초상품 재고액 | ×××× | |
| 당기상품 매입액 | ×××× | |
| 기말상품 재고액 | ×××× | |
| Ⅲ. 매출총이익 | | ×××× |
| Ⅳ. 판매비와 일반관리비 | | ×××× |
| 급여 | ×××× | |
| 퇴직급여 | ×××× | |
| 복리후생비(기타) | ×××× | |
| Ⅴ. 영업이익 | | ×××× |
| Ⅵ. 영업외수익 | | ×××× |
| 이자수익 | ×××× | |
| 배당금수익(기타) | ×××× | |
| Ⅶ. 영업외비용 | | ×××× |
| 이자비용(기타) | ×××× | |
| Ⅷ. 경상이익 | | ×××× |
| Ⅸ. 특별이익 | | ×××× |
| Ⅹ. 특별손실 | | ×××× |
| ⅩⅠ. 법인세비용차감전순이익 | | ×××× |
| ⅩⅡ. 법인세비용 | | ×××× |
| ⅩⅢ. 당기순이익 | | ×××× |

보고식 손익계산서 양식

### (3) 손익계산서의 구성항목

일정 기간 동안 영업활동의 결과로 획득한 수익과 그 수익을 획득하는 과정에서 생겨난 비용을 비교하여 순이익을 계산하는 방법을 거래접근법이라고 한다. 이 방법은 일정 기간 손익거래를 수익과 비용의 항목으로 구분한 다음 대응시켜 순이익을 측정한다. 이익 측정방법으로 거래접근법 외에 자본유지접근법이 있는데, 이는 일정 기간의 시작과 끝의 자본을 비교하여 이익과 손실의 발생 여부를 기준으로 하는 방법이다. 자본유지접근법은 순자산 증가의 원천인 수익과 비용을 파악할 수 없는 단점이 있으므로 이 방법보다는 거래접근법이 주로 사용된다. 거래접근법에 따른 손익계산서의 구성요소는 다음과 같다.

① 수익

수입, 외형, 매출액, 매상고라고 표현하며, 회계에서 사용하는 수익이라는 용어와 유사하게 사용되는 개념이다.

수익이란 일정 기간 동안 재화나 용역을 외부에서 제공하고 회계 주체가 얻는 화폐액을 말한다. 즉 정해진 기간에 행해진 기업의 주된 영업활동이나 반복적이고 경상적인 활동으로부터 획득한 순자산의 증가액이라 할 수 있다. 손익계산서에서는 수익을 영업수익과 영업외수익으로 분리하여 사용하는데, 영업수익은 기업의 주된 영업활동에서 얻은 자산의 증가를 말하며 매출수익이 가장 대표적이라 할 수 있다. 외식업의 경우 식음료 상품을 판매하여 벌어들인 수익이 여기에 해당한다. 영업외수익은 주된 영업활동 외의 나머지 경상적이고 반복적인 활동으로 생겨난 순자산의 증가를 말한다. 영업외수익에는 배당금수익, 임대료, 이자수익 등이 있다. 이외에 특별이익이라는 것이 있는데, 이는 비경상적이거나 비반복적으로 생겨나는 자산의 증가분이라 할 수 있다. 영업활동과 직접 관련된 것이 아니라 이와는 무관하게 발생한 자산의 증가이므로 이는 영업외수익이라고 한다.

② 비용

수익을 얻는 데 기여하고 소멸되는 원가를 비용이라고 하며, 수익을 얻는 데 아무런 기여도 하지 못하는 원가를 손실이라고 한다. 비용은 수익을 창출하는 과정에서 소비한 재화나 용역을 말하며 이를 총괄적인 화폐액으로 표시한 것을 의미한다. 따라서 원가는 비용의 개념을 포괄하는 의미라 볼 수 있다.

앞서 말한 것처럼 손익계산서에는 영업수익과 영업외수익이 있듯이 비용도 영업비용과 영업외비용으로 구분한다. 이는 비용이 영업수익과 영업외수익 중 어느 것과 연관되어 있는지에 따라 나눠진다. 영업비용은 영업수익을 얻기 위해 투입된 경영자원의 경제적 가치를 의미하며, 매출원가와 판매비 그리고 일반관리비가 포함된다. 영업외비용은 영업활동 외의 활동으로부터 발생하는 비용을 말하며, 대표적으로 이자비용이나 외환차손 등이 있다.

③ 이익과 손실

순이익은 일정 기간 동안 발생한 모든 수익에서 사용된 비용의 합계를 뺀 것을 말하며 잉여금에 의한 자본의 증가, 즉 회사 주주나 사업자의 순자산의 몫이 증가하는 것을 의미한다. 손익계산서에서의 이익은 매출총이익, 경상이익, 영업이익, 법인세차감전순이익, 당기순이익으로 구분한다. 수익보다 비용이 더 큰 경우는 손실이라 하며, 이때에는 사업을 해서 벌어들인 금액이 소요된 금액에 못 미쳐 순손실이 발생하고 마이너스 잉여금으로 자본이 감소한다.

## 2) 손익계산서의 계산법

### (1) 매출총이익의 계산법

① 매출액

일정한 대가를 받고 제품이나 서비스 등의 재화 또는 용역을 공급하는 일반적인 상거래에서 발생하는 판매수익을 매출액이라 하며, 판매시점에서 판매자와 구매자가 서로 합의한 금액으로 측정된다. 현금을 받고 상품을 판매했을 때에는 받은 화폐금액을 수익금액으로 보고하고, 외상으로 판매할 경우 이자의 차액이 크지 않으면 판매시점에서 미래에 회수할 현금유입액을 수익금액, 즉 매출액으로 인식한다.

② 매출원가

매출원가는 식료원가, 음료원가, 기타 매출원가로 구성되며 식료원가는 식재료의 원가와 종업원들의 식사로 제공된 식료의 원가 모두를 의미한다. 대체로 월말에 식재료 재고조사를 실시하여 식료원가를 계산하며, 월초재고액에 당월매입액을 더한 금액에서 월말재고액을 뺀 금액으로 한다.

음료원가는 맥주나 와인 같은 주류를 비롯한 생수, 과일, 시럽 등의 구입원가이다. 오렌지나 레몬을 음료 준비에 사용하거나 땅콩 또는 비스킷류 등의 스낵류를 음료 부문에서 제공했다면 이것 역시 음료의 기타 비용으로 계산한다. 음료원가의 계산법은 식료원가의 계산방식과 동일하다.

③ 매출총이익

총매출액에서 총매출액원가를 뺀 것을 매출총이익이라 한다. 총이익은 식료 부문 및 음료 부문의 순수익과 기타 순수익을 합한 것이다.

| 매출총이익=매출액－매출원가, 매출총이익률=매출총이익÷매출액 |
|---|

이는 생산활동을 통해 창출된 부가가치를 나타내는 이익이며 여기서 매출원가란 외식 산업에서 음식을 만들어 내기 위해 소요되는 비용으로서 재료비, 제조경비, 인건비 등의 합계액 또는 상품 구입에 사용한 비용을 말한다. 매출총이익을 매출액으로 나눈 비율은 매출총이익률이라고 한다.

### (2) 영업이익의 계산법

① 영업이익

매출총이익에서 판매비와 일반관리비를 차감한 것을 영업이익이라고 한다. 판매비는 회사가 제품이나 상품을 팔기 위해 부담하는 비용을 말하며, 판매를 담당하는 부문의 인건비나 판매에 소요되는 비용이다. 일반관리비에는 회사의 일반적 관리업무를 담당하는 부문의 인건비와 기타 관리비가 있다. 대체로 판매비와 일반관리비가 뚜렷한 구분이 없기 때문에 이를 합하여 처리하는 것이 일반적이다.

② 판매비와 일반관리비

상품의 판매활동이나 기업의 전반적인 관리유지를 위해 부담하는 비용을 말한다 **표 5-7**.

표 5-7 / 판매비와 일반관리비

| 구분 | 내용 |
|---|---|
| 인건비관리 비용 | • 교육훈련비 : 식료 부문 종사자들의 교육과 훈련에 지출된 비용<br>• 급료 및 임금 : 일반 관리업무나 판매에 종사하는 사용인이나 종업원에게 지불하는 정기적 급여<br>• 제 수당 : 시간외수당, 야근수당, 휴일수당, 직책수당 등 근로기준법 규정에 의해 지급되는 수당<br>• 상여금 : 급료 외에 지급되는 보너스<br>• 복리후생비 : 의료, 위생, 보건, 체육 등을 위해 지급하는 금액으로 식당 운영, 의료보험, 건강진단비, 야근 식대, 출퇴근 비용 등이 해당<br>• 단체퇴직급여충당금전입액 : 퇴직급여충당금에 해당하는 금액을 보험회사에 예치하는 경우<br>• 퇴직급여충당금전입액 : 임직원의 퇴직 시 지급하기 위해 적립하는 금액<br>• 계약용역비 : 외부의 용역회사와 계약을 맺고 외주로 업무를 처리했을 때 발생하는 비용 |
| 업무 관련 비용 | • 여비교통비 : 업무와 관련하여 출장을 간 경우 사용하는 교통비, 숙박비 등<br>• 접대비 : 업무와 관련하여 거래처에 제공하는 식대, 선물, 주대 등<br>• 포장비 : 상품의 포장을 위해 사용한 비용<br>• 견본비 : 판매를 위해 견본품을 미리 무상으로 거래처에 제공할 때 사용한 비용<br>• 광고선전비 : 제품을 광고하거나 선전하는 비용<br>• 그라티스 : 땅콩, 비스킷 등의 스낵을 무료로 제공할 때 사용한 비용<br>• 운반비 : 제품을 운반하기 위해 사용한 노임이나 운수업자에게 지불한 비용<br>• 보관비 : 제품의 보관을 위해 외부 업자에게 지불한 외부 보관 수수료나 사용료 |
| 부대설비 관련 비용 | • 지급임차료 : 타인 소유의 동산과 부동산의 자산을 일정 계약에 의해 사용할 때 지급하는 비용<br>• 통신비 : 전신, 전화, 우편요금 등의 사용료<br>• 소모품비 : 사무용품, 소모공구 등의 구입비<br>• 수도광열비 : 수도, 전기, 가스 요금과 석유 등의 비용 |

### (3) 경상이익의 계산법

① 경상이익

기업의 영업활동에서 주된 업무인 생산, 판매, 관리를 수행하기 위해서는 자금이 반드시 필요하다. 자금이 부족하면 금융기관의 보조를 받거나 여유자금을 운용하게 되는데, 이러한 과정을 거치는 동안 수익이나 비용이 발생한다. 그러므로 재무활동을 포함하는 모든 기업의 활동 결과로 산출된 경상적인 수익을 경상이익이라고 할 수 있다. 경상이익은 영업이익과 영업외수익을 더한 금액에서 영업외비용을 차감하여 구한다.

경상이익 = 영업이익 + 영업외수익 − 영업외비용

② 영업외수익

영업활동이 아닌 영업 외의 활동에서 발생하는 수익을 말한다.

- 수입이자 : 금전을 빌려 주거나 예금을 하여 생기는 이자와 어음을 할인해 줄 때 생기는 할인료 등
- 수입임대료 : 회사 소유의 부동산이나 동산을 임대해 주고 그 대가로 받는 지대와 집세 사용료
- 투자자산처분이익 : 투자자산을 처분하여 발생하는 이익
- 설비자산처분이익 : 설비자산을 매각처분하여 발생하는 이익
- 유가증권이자 : 유가증권(국채 · 공채 · 사채 등)을 보유하여 발생하는 이자

③ 영업외비용

기업의 주된 영업활동인 생산, 판매, 관리를 제외한 활동에서 발생하는 비용을 말한다.

- 기부금 : 영업활동과는 관계없이 무상으로 지출되는 비용
- 지급이자 : 차입금에 대해 발생하는 이자와 받을 어음을 금융기관에서 할인함에 따라 지급하는 할인료
- 사채이자 : 주식회사가 회사채를 발행하여 자금을 차입하면서 사채에 대해 지급하는 이자
- 사채상환손실 : 회사가 사채를 상환할 때 생기는 차손을 처리하는 계정에서 발생하는 손실
- 투자자산처분손실 : 투자자산을 처분하여 발생하는 손실
- 설비자산처분손실 : 설비자산을 처분하여 생기는 손실

### (4) 당기순이익의 계산법

① 당기순이익

경상이익에 특별이익을 더하여 특별손실을 차감한 이익을 법인세차감전순이익이라고 하며, 여기에 기업이 벌어들인 소득에 대해 부담하는 법인세를 차감하면 최종적으로 당기순이익이 된다. 당기순이익은 세후이익이라고도 하는데, 세금을 내고 난 후의 이익이라는 의미이다. 법인세차감전순이익은 세전이익이라고도 한다.

- 법인세차감전순이익(세전이익) = 경상이익 + 특별이익 − 특별손실
- 당기순이익 = 법인세차감전순이익 − 법인세

② 특별이익

기업이 정상적인 영업활동을 수행하면서 벌어들이는 이익을 경상이익이라고 하는 반면, 특별이익은 비경상적이고 비반복적으로 발생하는 이익을 말한다.

③ 특별손실

특별이익과 마찬가지로 비경상적이고 비반복적으로 발생하는 임시적이고 일시적인 손실을 말한다.

④ 법인세 등

기업이 벌어들인 소득에 대해 납부할 전체적인 세금의 총칭을 법인세 등이라고 하며, 법인세, 주민세, 농어촌특별세가 포함된다. 즉 법인세는 법인이 1년간 벌어들인 이익에서 부담하는 여러 가지 세금을 통틀어 표시하는 것이며, 개인 사업자의 경우에는 소득세 등으로 표시한다.

### 3) 손익분기점

손익분기점이란 총수익과 총비용이 같아서 어떠한 이익이나 손해도 발생하지 않는 제로 상태를 말한다. 손익분기점을 계산하기 위해서는 고정비와 변동비의 공헌이익이 필요하다. 먼저 고정비란 매출에 관계없이 언제나 일정한 비율로 계속 발생하는 비용으로서 급료, 임대료, 주방설비의 감가상각비 등이 있다. 변동비는 고객이 많을수록 비용도 많이 발생하는 것으로서 상품의 경우 판매비, 관리비, 운임, 포장, 수수료 등이 있으며, 외식업체의 경우 재료비나 소모품비, 연료비 등이 있다. 총수익인 전체 매출액에서 변동비를 감한 것을 총 공헌이익이라고 한다.

$$X = \frac{F}{1 - \frac{V}{S}}$$

손익분기점의 매출액=X, 동기간의 매출액=S, 일정 기간의 고정비=F, 변동비=V, 변동비율=V/S

**| 예제 |**

월 매출액이 1,200만 원이고 1개월 동안의 비용 지출이 900만 원인 음식점이 있다. 이 중 재료비가 720만 원, 월 임대료가 100만 원, 포장 등 기타 지출비용이 80만 원이라면 손익분기점 매출액은 얼마인가?

⇨ X=100만 원÷{1−(8÷12)}=300만 원

# 6 메뉴의 분석

1. 메뉴 분석의 개념과 목적
2. 메뉴의 분석방법

# 1. 메뉴 분석의 개념과 목적

메뉴 분석은 현재 메뉴의 효율성을 평가하는 것으로서 식음료 사업의 방향을 결정하기 위한 전략적 단계로 메뉴의 구성, 수익성과 선호도 등의 측면에서 적정성을 평가하고 판단하는 것과 관련된 활동이다.

메뉴를 분석하는 목적은 메뉴의 적정한 가격과 식자재원가 등을 통해 어떤 가격수준과 품목일 때 이익을 최대화할 수 있는지, 현재의 메뉴 중에서 유지 · 조정 · 제거해야 하는 것은 무엇인지, 성공적인 메뉴 개발은 어떻게 평가하는지 등의 질문에 대한 답을 얻고자 함이며 메뉴를 통해 고객만족을 실현하고 더 많은 이익을 올리기 위한 것이다.

메뉴 분석은 경쟁업체 혹은 내부적으로 다른 메뉴들 간의 비교 분석을 통해 선호도와 수익성이 높은 메뉴들을 분석하는 것이다. 즉 메뉴의 원가구조를 파악하고 선호도와 수익성을 조사하여 이를 메뉴 정책에 반영하며, 판매촉진 전략을 통한 매출 증대나 고객만족, 메뉴 개발 등의 경영 활성화를 위한 판매 전략을 종합적으로 수행하는데 그 목적이 있다.

# 2. 메뉴의 분석방법

## 1) 밀러의 원가/인기도(판매량) 중심 분석방법

밀러Miller가 주장하는 메뉴의 분석방법으로서 식료원가와 인기도의 상관관계를 계산하는 방법이다. 원가는 낮고 인기도는 높은 품목이 가장 최상의 품목Winners이 되며, 원가는 높고 인기도는 낮은 품목이 최하의 품목Losers이 된다는 접근방식이다. 원가와 인기도가 모두 높거나 모두 낮은 품목은 Marginals로 분류한다.

이 방법은 가장 낮은 식재료비의 음식과 가장 높은 매출량의 메뉴들을 제시할 수 있으나 매출액이나 공헌이익을 나타내지 못한다는 한계가 있다.

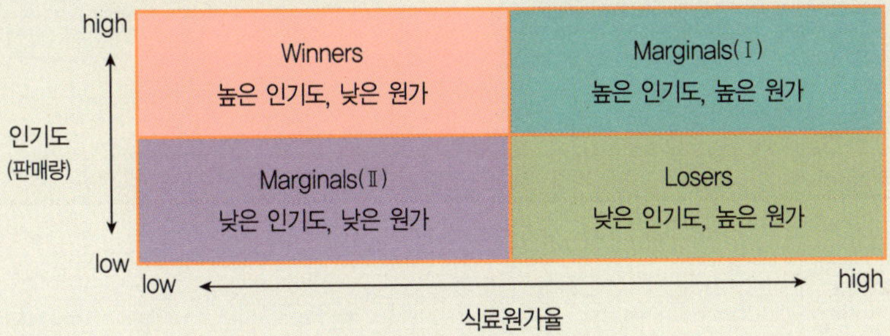


밀러의 원가/인기도 중심의 메뉴 분석

- 전체 메뉴원가＝판매량×메뉴원가
- 전체 메뉴판매액＝판매량×메뉴가격
- 원가율＝메뉴원가÷메뉴가격×100
- 메뉴 인기도＝전체 판매량÷품목 수×0.7

메뉴 인기도와 원가율을 기준점으로 높고 낮음을 판별하여 카테고리를 그룹화한다. 모든 메뉴 아이템이 4가지 카테고리로 그룹화되었다면 각 항목을 분석하고 별도로 평가해야 하며 아이템의 인기도와 원가율의 벤치마크를 분석할 필요가 있다 **표 6-1** .

## 2) 카사바나와 스미스의 수익성(공헌이익)/인기도(판매량) 중심 분석방법

카사바나Michael Kasavana와 스미스Donald Smith에 의해 개발된 Menu Engineering이라는 메뉴 분석으로 수익성과 인기도의 상관관계를 파악하는 방법이다. 메뉴상에 제공된 각 아이템의 수익성contribution margin, 전체에서 각 메뉴의 인기도가 차지하는 비율menu mix을 중심으로 분석하는 방법으로서 수익성과 인기도가 모두 높은 것이 Stars(최고의 품목), 수익성과 인기도가 모두 낮은 것은 Dogs(최하의 품목), 수익성이 낮고 인기도가 높은 것은 Plowhorses, 수익성이 높고 인기도가 낮은 것은 Puzzles로 구분하는 접근방식이다.

## (1) 메뉴 아이템의 그룹화와 벤치마크

**표 6-1** / 밀러의 메뉴 분석

| A | B | C | D | E | F | G | H | I | Category |
|---|---|---|---|---|---|---|---|---|---|
| 1 | 180 | 6 | 2 | 1,080 | 360 | 33.3% | L | L | Marginal(Ⅱ) |
| 2 | 450 | 6.5 | 2.6 | 2,925 | 1,170 | 40% | H | H | Marginal(Ⅰ) |
| 3 | 350 | 4.5 | 1.2 | 1,575 | 420 | 26.7% | H | L | Winner |
| 4 | 360 | 5 | 1.6 | 1,800 | 576 | 32.2% | H | L | Winner |
| 5 | 100 | 6 | 3 | 600 | 300 | 50% | L | H | Loser |
| 6 | 400 | 5.5 | 2 | 2,200 | 800 | 36.4% | H | L | Winner |
| 7 | 250 | 6 | 2.5 | 1,500 | 625 | 41.7% | H | H | Marginal(Ⅰ) |
| 8 | 340 | 5 | 1.5 | 1,700 | 510 | 30% | H | L | Winner |
| 9 | 450 | 5 | 1.5 | 2,250 | 675 | 30% | H | L | Winner |
| 10 | 120 | 5 | 1.5 | 600 | 180 | 30% | L | L | Marginal(Ⅱ) |
| 11 | 150 | 5 | 3 | 750 | 450 | 60% | L | H | Loser |
| 12 | 120 | 6.5 | 2 | 780 | 240 | 31% | L | L | Marginal(Ⅱ) |
| 13 | 380 | 5.5 | 3 | 2,090 | 1,140 | 55% | H | H | Marginal(Ⅰ) |
| 14 | 200 | 5 | 1.5 | 1,000 | 300 | 30% | L | L | Marginal(Ⅱ) |
| 15 | 160 | 7 | 3.5 | 1,120 | 560 | 50% | L | H | Loser |
| 16 | 400 | 5.5 | 2.5 | 2,200 | 1,000 | 45% | H | H | Marginal(Ⅰ) |
| 17 | 330 | 5 | 1.4 | 1,650 | 462 | 27.9% | H | L | Winner |
| 18 | 240 | 6 | 1.6 | 1,440 | 384 | 26.6% | H | L | Winner |
| 19 | 500 | 6 | 1.2 | 3,000 | 600 | 20% | H | L | Winner |
| 20 | 450 | 6 | 4 | 2,700 | 1,800 | 66.7% | H | H | Marginal(Ⅰ) |
| 합계 | 5,930 | 112 | 43.1 | 32,960 | 12,552 | 38% | | | |

A : 메뉴명 B : 판매량(개) C : 메뉴가격(천 원) D : 메뉴원가(천 원) E : 전체 메뉴판매액 F : 전체 메뉴원가
G : 원가율

- 전체 메뉴원가 = 판매량 × 메뉴원가
- 전체 메뉴판매액 = 판매량 × 메뉴가격
- 원가율 = 메뉴원가 ÷ 메뉴판매액 × 100
- 메뉴 인기도=전체 판매량 ÷ 품목 수 × 0.7

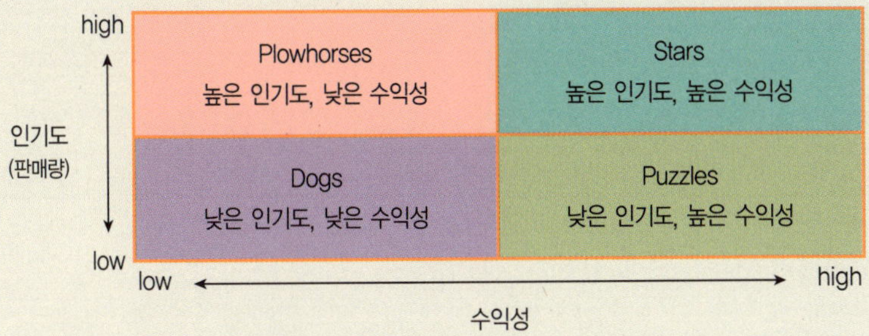


카사바나와 스미스의 수익성/인기도 중심의 메뉴 분석

① Stars

인기도가 높아 수익성이 좋은 메뉴로 다음과 같은 조치가 요구된다.

- 현재의 수준을 엄격히 유지한다.
- 메뉴판에서 눈에 띄기 쉬운 최상의 위치에 배열한다.
- 일단 Stars로 구분된 아이템은 메뉴상의 위치에 관계없이 대부분의 고객이 선호하기 때문에 메뉴상 최상의 위치에 전략적인 아이템으로 배치할 수 있다.
- 가격인상과 같은 조치는 심각하게 고려되는 사항으로서 가격인상으로 수익성을 높이려는 발상은 자제해야 한다. 그러나 Supper Stars 그룹인 경우 가격인상을 시도할 수 있다. 항상 적정 가격인지 시험해 보아야 한다.

② Plowhorses

인기도는 높으나 수익성이 낮은 메뉴로서 주로 중간대 이하의 가격군을 형성한다. 가격의 변화에 민감한 반응을 보이며, 수익성만 높이면 Stars가 될 수 있다. 따라서 다음과 같이 수익성을 높일 수 있는 방향의 조치가 요구된다.

- 매가인상을 시도한다.
- 식자재원가가 높은 아이템과 낮은 아이템의 조화를 통해 전체적인 원가를 줄여 가격은 그대로 유지하면서 수익성을 높일 수 있는 방안을 강구한다.
- 선호도가 높기 때문에 메뉴상의 배열을 제고한다. 즉 고객의 시선이 덜 집중되는 곳에 배치한다.
- 포션portion을 약간 줄인다.

③ Puzzles

수익성은 높으나 인기도가 낮은 메뉴로서 선호도만 높이면 Stars에 속할 수 있다. 따라서 다음과 같이 선호도를 높일 수 있는 방향의 조치가 요구된다.

- 메뉴판에서 최상의 위치에 배열한다.
- 아이템의 이름을 바꿔 선호도를 높인다.

**표 6-2** / 카사바나와 스미스의 메뉴 분석

| A | B | C | D | E | F | G | H | I | J | Category |
|---|---|---|---|---|---|---|---|---|---|---|
| 1 | 180 | 6 | 2 | 4 | 1,080 | 360 | 720 | L | H | Puzzle |
| 2 | 450 | 6.5 | 2.6 | 3.9 | 2,925 | 1,170 | 1,755 | H | H | Star |
| 3 | 350 | 4.5 | 1.2 | 3.3 | 1,575 | 420 | 1,155 | H | L | Plowhorse |
| 4 | 360 | 5 | 1.6 | 3.4 | 1,800 | 576 | 1,224 | H | L | Plowhorse |
| 5 | 100 | 6 | 3 | 3 | 600 | 300 | 300 | L | L | Dog |
| 6 | 400 | 5.5 | 2 | 3.5 | 2,200 | 800 | 1,400 | H | H | Star |
| 7 | 250 | 6 | 2.5 | 3.5 | 1,500 | 625 | 875 | H | H | Star |
| 8 | 340 | 5 | 1.5 | 3.5 | 1,700 | 510 | 1,190 | H | H | Star |
| 9 | 450 | 5 | 1.5 | 3.5 | 2,250 | 675 | 1,575 | H | H | Star |
| 10 | 120 | 5 | 1.5 | 3.5 | 600 | 180 | 420 | L | H | Puzzle |
| 11 | 150 | 5 | 3 | 2 | 750 | 450 | 300 | L | L | Dog |
| 12 | 120 | 6.5 | 2 | 4.5 | 780 | 240 | 540 | L | H | Puzzle |
| 13 | 380 | 5.5 | 3 | 2.5 | 2,090 | 1,140 | 950 | H | L | Plowhorse |
| 14 | 200 | 5 | 1.5 | 3.5 | 1,000 | 300 | 700 | L | H | Puzzle |
| 15 | 160 | 7 | 3.5 | 3.5 | 1,120 | 560 | 560 | L | H | Puzzle |
| 16 | 400 | 5.5 | 2.5 | 3 | 2,200 | 1,000 | 1,200 | H | L | Plowhorse |
| 17 | 330 | 5 | 1.4 | 3.6 | 1,650 | 462 | 1,188 | H | H | Star |
| 18 | 240 | 6 | 1.6 | 4.4 | 1,440 | 384 | 1,056 | H | H | Star |
| 19 | 500 | 6 | 1.2 | 4.8 | 3,000 | 600 | 2,400 | H | H | Star |
| 20 | 450 | 6 | 4 | 2 | 2,700 | 1,800 | 900 | H | L | Plowhorse |
| 합계 | 5,930 | 112 | 43.1 | 68.9 | 32,960 | 12,552 | 20,408 | | | |

A : 메뉴명 B : 판매량(개) C : 메뉴가격(천 원) D : 메뉴원가(천 원) E : 메뉴공헌이익 F : 전체 메뉴판매액
G : 전체 메뉴원가 H : 전체 메뉴공헌이익 I : 인기도 J : 공헌이익

- 전체 메뉴원가 = 판매량×메뉴원가
- 전체 메뉴판매액 = 판매량×메뉴가격
- 원가율 = 전체 메뉴원가÷메뉴가격
- 메뉴 공헌이익 = 메뉴가격 − 메뉴원가
- 전체 메뉴공헌이익(CM) = 판매량×메뉴공헌이익
- 메뉴 인기도 = 전체 판매량÷품목 수×0.7

- 메뉴 인기도 = (전체 판매량÷품목 수)×0.7 = 5,930÷20×0.7 = 208
- 수익성(공헌이익) = 20,408÷5,930 = 3.44

• 가격인하를 통해 선호도를 높인다.
• 판매촉진을 통해 선호도를 높인다.
• 여기에 속하는 아이템의 수를 최소화한다.
• 생산하는 데 특별한 기능이 요구되거나 많은 노동력을 요구하는 아이템은 메뉴에서 삭제한다.

④ Dogs

인기도와 수익성이 모두 낮은 아이템이다. 이 두 가지를 동시에 높일 수 있는 방안으로 다음과 같은 조치가 일반적으로 요구된다.

• 메뉴에서 제외한다.
• 가격을 인상하여 Puzzles군의 아이템으로 만든다.

판매량 기준점을 208, 수익성의 기준점을 3.44로 하여 높고 낮음을 판별해서 카테고리를 그룹화한다. 4개의 카테고리로 그룹화하여 벤치마크한 후 각 메뉴에 대한 분석이 필요하다.

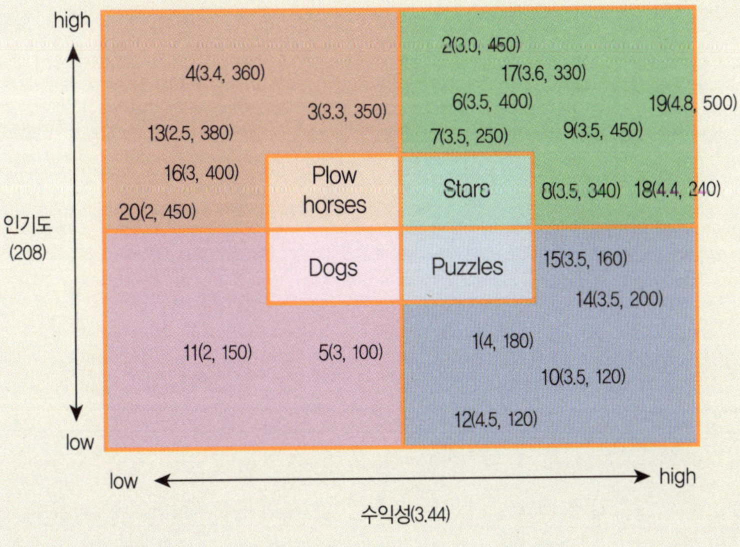


(2) 분석의 방법과 절차

① 칼럼 A에 모든 메뉴를 나열한다. 애피타이저, 디저트, 기타 사이드 항목들은 나열하지 않는다. 주류 매상은 이 목록에 나열하지 않으며, 오늘의 특별 요리도

별도로 분석해야 한다. 즉 음료 매상이나 특별 메뉴에 대한 분석은 따로 이루어져야 한다.

② 칼럼 B에 각 아이템의 총 구매 수를 나열한다.

③ 칼럼 C에 각 아이템의 판매가를 나열한다.

④ 칼럼 D에 각 아이템의 식재료비를 나열한다.

⑤ 칼럼 E에서 공헌이익은 판매가(칼럼 C)에서 그 아이템의 식재료비(칼럼 D)를 빼서 결정한다.

⑥ 칼럼 F에 총 메뉴수입을 기록한다. 총 메뉴수입은 각 아이템의 구매 수(칼럼 B)를 그 판매가(칼럼 C)로 곱하여 결정한다.

⑦ 칼럼 G에 총 아이템의 식재료비를 나열한다.

⑧ 칼럼 H에 총 메뉴공헌이익을 나열한다. 이것은 각 항목의 공헌이익(칼럼 E)과 그 항목의 총 구매 수(칼럼 B)를 곱하여 결정한다.

⑨ 칼럼 I에는 칼럼 B를 품목 수(20)로 나누고 인기가 있다고 판단하는 70%를 곱하여 인기도의 높고 낮음을 나타낸다. $5,930 \div 20 \times 0.7 = 208$이므로 판매량이 208개보다 많은지 적은지에 따라 메뉴를 구분한다.

⑩ 칼럼 J에 각 아이템의 공헌이익을 그 아이템이 그 메뉴의 평균 공헌이익을 초과하는지 여부에 따라 높음 또는 낮음으로 분류한다. 그 메뉴의 평균 공헌이익은 칼럼 H의 합계인 총 메뉴공헌이익(20,408)을 칼럼 B의 합계인 판매 항목 수(5,930)로 나누어 결정한다. 평균 공헌이익은 3.44이다. 그 공헌이익이 3.44보다 큰 항목은 높음으로, 그보다 낮으면 낮음으로 분류하여 Stars, Plowhorses, Puzzles, Dogs로 분류한다.

### 3) 파베식의 원가/공헌이익 중심 분석방법

식료원가율과 선호도를 측정한 공헌이익을 고려하여 메뉴 아이템의 원가, 판매가, 판매량을 파악하고 분석하는 방법으로 원가공헌이익분석법이라고도 한다. 식료원가율이 낮고 판매량이 높게 평가된 품목을 가중공헌이익이 높은 품목으로서 최고의 품목인 Primes라고 하며, 식료원가율과 가중공헌이익이 모두 높은 품목은 Standards, 식료원가율과 가중공헌이익이 모두 낮은 품목은 Sleepers, 식료원가율이 높고 가중공헌이익이 낮은 품목은 Problems로 하여 메뉴 분석 결과를 좌표상에 나타낼 수 있다.

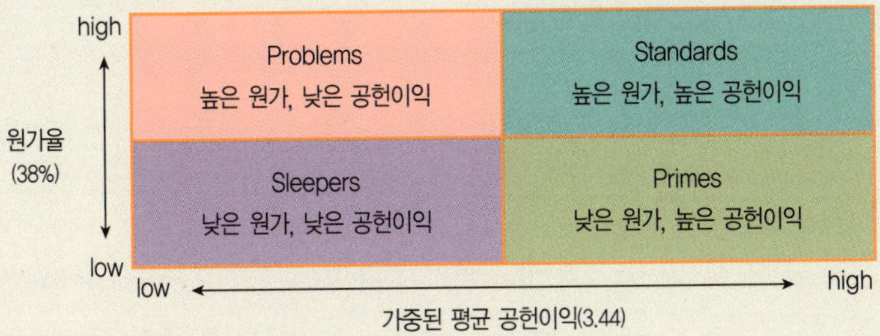


파베식의 원가/공헌이익 중심의 메뉴 분석

### 4) 헤이즈와 허프만의 순이익 중심 분석방법

순수익을 기준으로 메뉴에 대한 수익성을 평가했기 때문에 식자재원가뿐만 아니라 고정비용(원가)과 변동비용(원가)을 고려하여 각 메뉴에 대해 손익계산서를 만들어 순수익이 높은 순위대로 서열을 정한 후 목표이익과 비교하는 방법이다. 평균으로 나타낸 식료원가율, 인기도, 공헌이익에 의존하지 않고 각 메뉴의 개별 공헌도에 바탕을 둔 기법이다.

각 메뉴에서 발생하는 고정비용과 변동비용을 새로운 변수로 분석에 포함한 방법으로서 아이템별 고정비용과 변동비용을 어떠한 방법으로 계산하며 메뉴상의 각 아이템에 어떻게 분배하는지의 문제는 언급하지 않은 한계가 있다. 헤이즈와 허프만의 순이익 중심 분석방법의 절차는 다음과 같다.

#### (1) 1단계

'A : 메뉴명 B : 판매수량(개) C : 메뉴가격(천 원) D : 메뉴원가(천 원) E : 메뉴공헌이익 F : 전체 메뉴판매액 G : 전체 메뉴원가 H : 전체 메뉴공헌이익 I : 원가율'을 표시한다.

#### (2) 2단계

손익계산서를 작성한다.

#### (3) 3단계

각 아이템에 대한 순수익을 계산하여 수익이 높은 순서로 정리한다.

#### (4) 4단계

순수익을 이용하여 수익률(총 순수익÷총 매출액)을 계산한다. 즉 (2,852÷15,955)×100=17.9로 계산된다.

### (5) 5단계

수익률을 근거로 하여 메뉴의 분석이 이루어지는 단계로, 각 품목이 기여하는 순수익이 총 매출액의 수익률을 유지하는지 여부를 판단하는 지표가 된다. 이것을 목표가치분석goal value analysis이라고 한다.

목표가치분석은 (1－식료원가백분율)×평균 판매량×[평균 판매가×{1－(변동비백분율＋식료원가백분율)}]로 나타낸다. 따라서 각 아이템의 목표가치가 평균목표가치분석(344.2)과 비교하여 같거나 높으면 총매출액의 17.9%에 해당하는 순수익률을 달성할 수 있다.

| A | B | C | D | E | F | G | H | I |
|---|---|---|---|---|---|---|---|---|
| 1 | 180 | 6 | 2 | 4 | 1,080 | 360 | 720 | 33.3% |
| 2 | 350 | 4.5 | 1.2 | 3.3 | 1,575 | 420 | 1,155 | 26.7% |
| 3 | 100 | 6 | 3 | 3 | 600 | 300 | 300 | 50% |
| 4 | 250 | 6 | 2.5 | 3.5 | 1,500 | 625 | 875 | 41.7% |
| 5 | 450 | 5 | 1.5 | 3.5 | 2,250 | 675 | 1,575 | 30% |
| 6 | 120 | 5 | 1.5 | 3.5 | 600 | 180 | 420 | 30% |
| 7 | 200 | 5 | 1.5 | 3.5 | 1,000 | 300 | 700 | 30% |
| 8 | 330 | 5 | 1.4 | 3.6 | 1,650 | 462 | 1,188 | 28% |
| 9 | 500 | 6 | 1.2 | 4.8 | 3,000 | 600 | 2,400 | 20% |
| 10 | 450 | 6 | 4 | 2 | 2,700 | 1,800 | 900 | 66.7% |
| 합계 | 2,930 | | | | 15,955 | 5,722 | 10,233 | |
| 평균 | 293 | 5.4(15,955÷2,930=5.4) | | | | | | 35.9% |

| | 1 | | 2 | | 3 | | 4 | | 5 | |
|---|---|---|---|---|---|---|---|---|---|---|
| 매출 | 1,080 | | 1,575 | | 600 | | 1,500 | | 2,250 | |
| 식료원가 | 360 | 33.3% | 420 | 26.7% | 300 | 50% | 625 | 41.7% | 675 | 30% |
| 고정원가 | 300 | 27.7 | 300 | 19 | 300 | 50 | 300 | 20 | 300 | 13 |
| 변동원가 | 324 | 30 | 472 | 30 | 180 | 30 | 450 | 30 | 675 | 30 |
| 총원가 | 984 | 91 | 1,192 | 75.7 | 780 | 130 | 1,375 | 91.7 | 1,650 | 73 |
| 순수익(손실) | 96 | 9 | 383 | 24.3 | −180 | −30 | 125 | 8.3 | 600 | 27 |
| | 6 | | 7 | | 8 | | 9 | | 10 | |
| 매출 | 600 | | 1,000 | | 1,650 | | 3,000 | | 2,700 | |
| 식료원가 | 180 | 30% | 300 | 30% | 462 | 28% | 600 | 20% | 1,800 | 66.7% |
| 고정원가 | 300 | 50 | 300 | 30 | 300 | 18 | 300 | 10 | 300 | 11.1 |
| 변동원가 | 180 | 30 | 300 | 30 | 495 | 30 | 900 | 30 | 810 | 30 |
| 총원가 | 660 | 110 | 900 | 90 | 1,257 | 76 | 1,800 | 60 | 2,910 | 107.8 |
| 순수익(손실) | −60 | −10 | 100 | 10 | 393 | 24 | 1,200 | 40 | −210 | −7.8 |

※ 고정비는 30만 원, 변동비는 총매출액의 30%로 가정하였다.

| 순위 | 메뉴명 | 순수익 |
|---|---|---|
| 1 | 9 | 1,200 |
| 2 | 5 | 600 |
| 3 | 8 | 393 |
| 4 | 2 | 383 |
| 5 | 4 | 125 |
| 6 | 7 | 100 |
| 7 | 1 | 96 |
| 8 | 6 | -60 |
| 9 | 3 | -180 |
| 10 | 10 | -210 |
| 계 | | +2,852 |

- A×B×(C×D)=Goal−Value
- A=1−식료원가백분율
- B=각 아이템의 평균 판매량
- C=평균 객단가
- D=1−(변동비백분율+식료원가백분율)

즉 goal value=(1−식료원가백분율)×각 아이템의 평균 판매량×[평균 객단가×{1−(변동비백분율+식료원가백분율)}]

**표 6-3** / 레스토랑의 10개 아이템에 대한 수익 정도

| 순위 | 메뉴명 | 공식 |
|---|---|---|
| 1 | 9 | (1−0.2)×500×[6×{1−(0.3+0.2)}]=1,248 |
| 2 | 5 | (1−0.3)×450×[5×{1−(0.3+0.3)}]=630 |
| 3 | 8 | (1−0.28)×330×[5×{1−(0.3+0.28)}]=498.9 |
| 4 | 2 | (1−0.27)×350×[4.5×{1−(0.3+0.27)}]=494.4 |
| 5 | 7 | (1−0.3)×200×[5×{1−(0.3+0.3)}]=280 |
| 6 | 1 | (1−0.33)×180×[6×{1−(0.3+0.33)}]=267.7 |
| 7 | 4 | (1−0.42)×250×[6×{1−(0.3+0.42)}]=243.6 |
| 8 | 6 | (1−0.3)×120×[5×{1−(0.3+0.3)}]=168 |
| 9 | 3 | (1−0.5)×100×[6×{1−(0.3+0.5)}]=60 |
| 10 | 10 | (1−0.67)×450×[6×{1−(0.3+0.67)}]=26.7 |
| goal value | | (1−0.36)×293×[5.4×{1−(0.3+0.36)}]=344.2 |

## 5) ABC 분석방법

일명 파레토분석Pareto Analysis이라고도 불리며, 효과가 높은 부분을 중점적으로 분석하여 최소의 노력으로 최대의 효과를 올리기 위한 방법이다. 메뉴 아이템의 20%가 전체 매출의 80%를 차지한다는 20 : 80 법칙을 적용하는 분석기법으로서 고객이 좋아하는 메뉴를 찾아내어 계속해서 인기를 유지하며 보다 많은 판매율을 올릴 수 있도록 하는 방법이다.

**표 6-4** / ABC 분석의 예　　　　(　　　년 월 일~　　　년 월 일)

| No. | 1 | 2 | 3 | 4 | 5 | … | 25 | 합계 |
|---|---|---|---|---|---|---|---|---|
| 수량 | 1,500 | 1,000 | 850 | 820 | 800 | | 20 | |
| 단가 | 8,000 | 10,000 | 11,000 | 7,500 | 6,000 | | 4,000 | |
| 매출액 | 12,000,000 | 10,000,000 | 9,350,000 | 6,150,000 | 4,800,000 | | 80,000 | 62,000,000 |
| % | 19.4 | 16.1 | 15.1 | 9.9 | 7.7 | | 0.1 | 100 |
| 누계 % | | 35.5 | 50.6 | 60.5 | 68.2 | | 100 | 100 |
| 원가 | 3,200 | 3,480 | 4,500 | 2,400 | 1,800 | | 1,600 | |
| 원료비 | 4,800,000 | 3,480,000 | 3,825,000 | 1,968,000 | 1,440,000 | | 32,000 | 22,630,000 |
| 매출이익 | 7,200,000 | 6,320,000 | 5,525,000 | 4,182,000 | 3,360,000 | | 48,000 | 39,370,000 |

※ 합계 : 원료비를 합계매출로 나눈다(36.5%).

### (1) ABC의 구분

메뉴순서별 누계치의 75~80%를 A부분, 85~90%를 B부분, 그리고 나머지 100%까지를 C부분으로 한다.

### (2) 결과 분석

매출액을 기준으로 A, B, C의 3그룹으로 구분하며, A그룹은 수는 적으나 매출액이 크기 때문에 세심하게 관리할 필요가 있고 반대로 C그룹은 수는 많으나 매출액이 적다. B그룹은 A그룹과 C그룹의 가운데이므로 중간적인 관리를 한다. 레스토랑의 경우 20%의 메뉴 또는 소수고객 20% 정도가 전체 매출이나 수익의 80% 정도를 차지한다.

잘 팔리는 메뉴의 성향을 파악할 수 있어 메뉴 선호도의 측정이 가능하므로 그에 따른 제공시간 등을 단축할 수 있는 장점이 있으나 인건비가 무시되므로 정확한 분석결과를 얻기 어려운 한계가 있다.

### 6) 허스트의 분석방법

플로리다 국제대학의 식당과 교수 겸 레스토랑의 대표이자 전국레스토랑협회의 회장인 마이클 허스트가 개발한 것이다. 이는 메뉴 평가의 비교를 통해 메뉴 변화(추가 · 삭제 · 가격조정)로 그 메뉴의 수익성이 실제로 증가하는지를 알아내는 방법에서 파생되었다. 모든 메뉴의 품목을 추적하지 않기 때문에 결과를 빨리 얻을 수 있는 장점이 있다. 허스트 분석방법의 특징은 다음과 같다.

① 가격의 변화, 원가, 인지도, 이익공헌도 등 판매에 미치는 영향을 측정하며 메뉴가 추가 또는 삭제되었는지, 가격이 조정되었는지 등 메뉴의 변화를 확인하기 위해 고안된 방법이다.
② 효과를 증대하기 위해서는 평가기간에 다른 여러 가지의 메뉴 스코어를 상호 비교해야 하는데, 메뉴 스코어가 높을수록 높은 수익성을 의미하며 스코어의 하향과 등락이 심하면 조절이 필요한 것으로 판단한다.
③ 지속적으로 스코어가 낮아지면 아이템을 교환하거나 이익이 높은 다른 품목에 주력한다.
④ 객단가가 낮음에도 불구하고 메뉴 스코어가 낮으면 높은 원가율에 기인하므로 원가율을 개선하거나 다른 메뉴로의 교체를 검토해야 한다.

메뉴의 평가는 다음과 같이 계산한다.

- 객단가 : 총 매출액÷총 판매수량
- 총수익 : 총 매출액－총 식자재원가
- 총수익률 : 총수익÷총 매출액
- 품목 평균 수익 : 객단가×총수익률
- 선별 메뉴 판매율 : 선별 메뉴 총 판매수량÷전체 메뉴 총 판매수량
- 메뉴 스코어 : 품목 평균 수익×선별 메뉴 판매율

예를 들어 메뉴의 판매가격 상승으로 메뉴 스코어가 상승하였다면 평가기간 동안 가격을 올린 것은 올바른 결정으로 평가할 수 있다. 그러나 메뉴 스코어 하나 자체만은 의미를 갖지 못한다. 대상기간 동안 여러 개의 메뉴 스코어를 산출해서 상호 비교와 검토로 얻는 결론이어야 진정한 분석이 이루어졌다고 볼 수 있다. 이 허스트의 메뉴 분석방법은 품목 교체나 가격원가 변화가 메뉴 판매량에 미치는 영향을 실험할 수 있어 유용하다. 즉 이 방법은 특정 품목의 판매량과 음식들의 수익 기여도를 고려한 것으로서 더 많은 품목이 판매되면 매출총이익을 상승시켜 보다 높은 이윤의 메뉴로

평가 받게 될 것이다. 반대로 낮은 매출총이익의 판매 품목은 저수익 메뉴가 되어 낮은 평가를 받게 된다.

## 7) 인기지수 분석방법

표 6-5 / 품목별 인기지수

| 품목 | 판매수량(개) | 인기지수(%) |
|---|---|---|
| ① | 45 | 24 |
| ② | 40 | 20 |
| ③ | 15 | 8 |
| ④ | 50 | 30 |
| ⑤ | 30 | 18 |
| 전체 판매수량 | 180 | 100 |

이 방법은 단순히 인기가 많은 판매량의 수치만으로 메뉴를 분석하는 방법이다.

## 8) SWOT 분석

대내외적인 환경 여건을 강점Strength, 약점Weakness, 기회Opportunitiy, 위협Threat의 요인으로 분석하여 이를 기초로 마케팅 전략을 결정하는 방법이다. 변화하는 시장환경

파스타 & 스파게티 전문점
- 위치 : 서울의 대학로
- 메뉴 : 파스타, 스파게티
- 가격 : 5,900~11,900원
- 모던한 스타일의 체인점

속에서 적용이 가능한 방법으로, 내부 환경을 통해 강점과 약점을 분석하고 외부 환경을 통해 기회와 위협 요인을 발견하여 강점과 기회 요인을 최대화하고 약점과 위협 요인을 최소화하는 마케팅 전략이며 기업의 목표를 달성하고자 실행하는 분석방법이다.

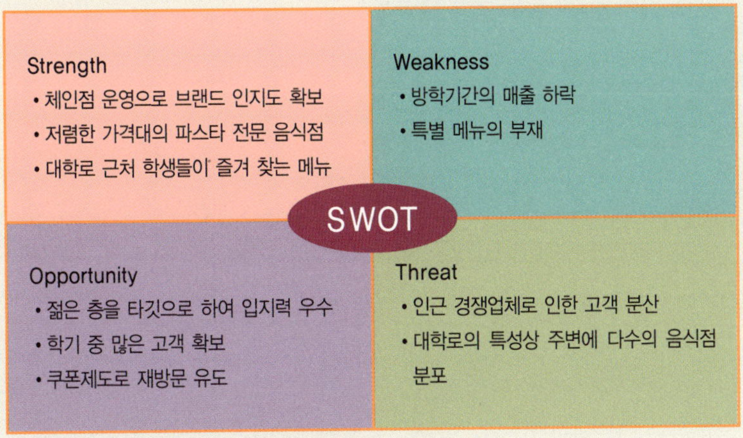


SWOT 분석의 예

## 9) 메뉴 분석의 활용방안

**표 6-6** / 메뉴 분석의 활용방안

| 구분 | 장점 | 한계점 | 활용방안 |
|---|---|---|---|
| 밀러의 분석방법 | 가장 낮은 원가의 메뉴와 가장 높은 매출량의 메뉴를 제시할 수 있다. | 매출액이나 공헌이익을 나타내지 못한다. 원가율이 낮은 품목을 수익성이 높은 품목으로 만들기 위해 판매가격을 높이면 고객 감소를 초래한다. | 코스별로 메뉴를 구성하는 패밀리 레스토랑에 적합하다. |
| 카사바나와 스미스의 분석방법 | 선호도와 수익성을 중심으로 메뉴를 분석하여 쉽게 적용할 수 있다. | 인건비 등을 고려하지 않는다. 일정 수준 이하의 판매량 메뉴가 공헌이익을 긍정적으로 창출할 수 있음을 간과하게 되는 결점이 있다. | 전체 매출액에 대한 각 메뉴들의 상대적 비중을 나타내기 때문에 전문 레스토랑이나 단품 메뉴들로 구성되어 있는 레스토랑, 패밀리 레스토랑, 호텔 레스토랑 등 다양한 업체에서 광범위하게 활용한다. |
| 파베식 분석방법 | 판매량에 따라 낮은 식료원가율과 높은 공헌이익을 나타내는 메뉴를 제시할 수 있다. | 가중된 공헌이익을 적용하였으나 평균 개념으로 선호도, 수익성, 원가율을 계산하였다. | 단품 메뉴를 주로 판매하는 전문점에서 활용한다. |

| | | | |
|---|---|---|---|
| 헤이즈와 허프만의 분석방법 | 순수익을 기준으로 메뉴에 대한 수익성을 분석하여 순이익이 높은 메뉴를 제시할 수 있다. | 고정비용와 변동비용을 어떤 방법으로 계산하며 메뉴상의 아이템을 어떻게 배분하는지의 문제가 언급되지 않는다. | 뷔페 레스토랑이나 출장 파티를 주로 하는 외식 업체, 샐러드 바 중심의 레스토랑에서 활용한다. |
| ABC 분석방법 | 잘 팔리는 메뉴의 성향을 파악하여 메뉴 제공시간을 단축할 수 있다. | 인건비가 무시되어 정확한 분석을 얻기 어렵다. | 패스트푸드점에서 활용한다. |
| 허스트의 분석방법 | 메뉴가격의 변화, 인기도, 원가, 공헌이익 등이 판매에 미치는 영향을 측정할 수 있다. | 하나의 메뉴 스코어는 의미를 갖지 못하고 단순히 판매량이 가격 변화, 식료원가와 메뉴 교체 등과 어떤 상호작용을 하였는지 보여 줄 뿐이다. | 불특정 다수를 고객으로 하는 역세권의 레스토랑, 최고 상권의 레스토랑, 커피숍, 푸드코트에서 활용한다. |
| 인기지수 분석방법 | 매출량이 높은 메뉴를 제시할 수 있는 가장 간단한 방법이다. | 단순히 매출량만을 제시하는 한계가 있다. | 패스트푸드점에서 활용한다. |
| SWOT 분석 | 각 사업 단위나 메뉴 아이템의 강점과 기회를 살릴 뿐 아니라 위험요소들을 최소화할 수 있다. | 시장환경을 잘 분석할 수 있는 안목이 요구된다. | 선호도가 높은 메뉴에 집중하는 방법으로서 일반적으로 기업형 레스토랑이나 패스트푸드점에서 활용한다. |

메뉴 분석은 방법에 따라 실행한 결과가 각기 다르다. 따라서 어떤 방법이 좋다고 단정 짓기 어렵기 때문에 두 가지 이상의 방법으로 함께 조사 연구한다면 보다 나은 메뉴 분석이 가능할 것이다.

# 7

# 메뉴 마케팅

1. 메뉴 마케팅의 개념
2. 메뉴 마케팅의 전략
3. 메뉴 마케팅 믹스
4. 메뉴 마케팅의 종류와 사례

# 1. 메뉴 마케팅의 개념

우리의 일상생활은 마케팅에서 시작되어 마케팅으로 끝난다 할 정도로 끊임없이 시도되는 기업의 마케팅 전략들을 매일 접하고 있다. 이는 소비자의 욕구가 점차 다양화, 고도화되고 이를 충족시키기 위한 외식 업체의 부단한 노력에 따라 시장경쟁이 심화되면서 나타난 현상이다. 따라서 외식 업체들은 소비자의 욕구를 정확히 파악하여 이를 만족시킬 수 있는 메뉴나 서비스를 개발하고, 합리적인 상품 가격을 설정하여 쉽게 구매할 수 있는 환경을 조성해야 할 것이다.

## 1) 메뉴 마케팅의 정의

메뉴 마케팅이란 호텔 식음료 부문 및 외식 사업과 관련된 분야에서 고객을 대상으로 행해지는 다양한 활동으로서 메뉴 상품 및 서비스에 대한 발상, 가격 결정, 판매 촉진 및 유통을 계획하고 실행하는 과정이다. 즉 메뉴에 대한 욕구와 필요를 충족시켜 고객만족을 이끌어 내는 활동이라 할 수 있다.

## 2) 마케팅 관련 기초 개념

외식 산업에서의 마케팅이란 고객의 욕구를 파악하여 경쟁 메뉴나 서비스보다 더 뛰어난 상품을 판매함으로써 목적을 달성하려는 행위와 과정으로서 이에 관련된 기초 개념은 다음과 같다.

- 마케팅을 이해하기 위한 가장 기초적 개념인 인간의 욕구는 그 구체성에 따라 필요와 욕구로 구별한다.
- 인간의 욕구는 무한하지만 이를 충족하기 위한 수단(재무적 상태)은 각기 다르며, 이 같은 욕구가 구매력과 구매의지에 의해 뒷받침된 것을 수요라 한다.
- 시장은 외식 산업에서 교환과 거래에 참여하는 잠재적, 실제적 고객집단을 의미하며 과거처럼 물리적 장소만을 뜻하는 것이 아니라 구매자나 소비자의 집합까지도 포함한다.
- 넓은 의미의 상품에는 유형의 상품과 무형의 서비스가 포함된다. 유형의 상품(메뉴)이든 무형의 서비스이든 고객은 메뉴만 주문하는 것이 아니라 그 메뉴의

가치(효용), 즉 편익을 구매하는 것이며 나아가 그 편익으로부터 얻는 삶의 체험을 구매하는 것이다.

- 교환은 타인에게 대가를 지불하고 필요한 상품을 획득하는 행위를 의미하는 것으로 마케팅에서 핵심적인 개념이다.

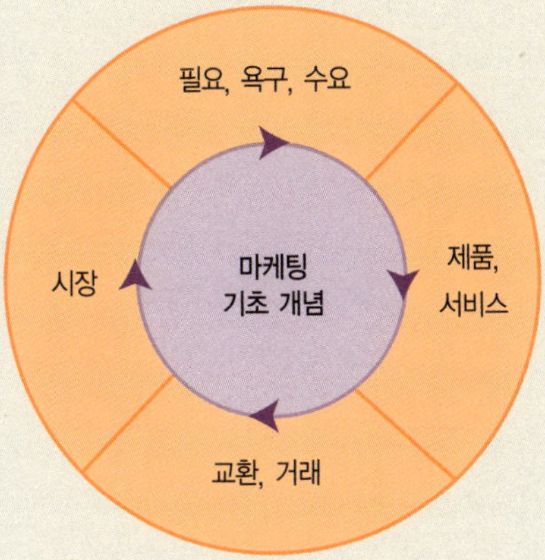


메뉴 마케팅의 기초 개념

# 2. 메뉴 마케팅의 전략

메뉴 마케팅 전략이란 외식 시장에서 매출과 이익목표를 달성하기 위한 대안을 준비하고 이를 실행하는 것이다. 자사가 경쟁우위를 발휘할 수 있는 세분시장을 주력시장으로 선정하고 메뉴 마케팅 관리자가 상품(메뉴), 유통, 광고, 판촉 등의 구체적인 마케팅 프로그램으로 표적시장의 고객에게 접근한다. 이러한 과정은 메뉴 마케팅 전략의 핵심을 이루는 부분으로서 크게 '시장세분화, 포지셔닝, 표적시장의 선정' 의 3단계로 구분한다.

## 1) 시장세분화S, segmentation

메뉴나 서비스에 대한 구매동기, 기호, 태도 등이 비슷한 고객들을 다른 성향의 고객들과 분리하여 하나의 집단으로 묶는 과정을 시장세분화라고 한다.

### (1) 시장세분화의 목적

외식 시장에서 다양한 고객의 욕구를 배제한 채 하나의 메뉴만으로 경쟁우위를 확보하기는 어려우며 많은 고객의 개별적 요구를 모두 만족시키는 것 또한 불가능하다.

알아보기

#### 외식 속성 형태별 고객세분화

■ 불안 위안형 소비 트윈슈머

불황이 지속됨에 따라 가격에 대한 가치를 따져 보는 경향이 뚜렷해지면서 이러한 현상이 하나의 소비 패턴으로 자리 잡고 있다. 이에 음식점을 선택할 때 메뉴가 무엇인지, 어떤 분위기인지, 사업주의 인성은 어떤지, 서비스는 어떤지 등 구체적인 사항을 사전에 파악하고 결정하는 이른바 트윈슈머(판매 후기를 반드시 읽고 제품을 선택하는 소비자)형 외식 고객층도 점점 세력이 커지고 있다.

■ 싱글족, 자기중심적 개인주의

싱글족이 외식 시장에서 점차 세력을 넓혀 가고 있는 것은 개인주의형 소비가 늘어난 데서 비롯되었다고 할 수 있다. 좋아하는 음식과 분위기에 대한 뚜렷한 가치관을 갖고 있는 싱글족은 혼자 식당을 찾는 것에 대해 거리낌이 없다. 음식점 역시 이런 싱글족을 위한 메뉴를 개발하고 서비스 공간을 선보이며 싱글고객을 유치하는 데 주력하고 있다.

■ 호모나이트쿠스족

야행성 소비자층인 호모나이트쿠스족homo-nightcus은 시간에 얽매이지 않고 원하는 대로 자유롭게 생활하는데, 새벽에 업무를 보거나 외식 업소를 찾아 식사를 해결하는 등의 생활양식을 갖고 있다. 이들은 비록 야식일지라도 비타민 음료나 과일이 세트로 구성된 샌드위치를 원하며 칼로리가 낮고 영양분을 고르게 섭취할 수 있도록 가볍고 건강에 좋은 음식이 개발되기를 기대한다.

■ 에코슈머, 하비홀릭

최근의 소비 경향은 자아의 욕구 충족을 기반으로 하고 있다. 이에 건강중시형이나 여가중시형 소비자 같은 다양한 고객층이 나타나고 있다. 특히 건강중시형 소비자는 '자연愛 밥상족', '에코슈머' 등으로 불리고 있는데 이들 소비자층을 타깃으로 한 유기농 레스토랑, 친환경 레스토랑의 등장이 근래에 더욱 증가하고 있다. 이와 함께 여가생활에 투자를 아끼지 않는 성향도 뚜렷해지고 있다. 이들은 하비홀릭hobby holic으로, 단순한 취미일지라도 프로에 가깝게 몰입한다. 전문 요리학원이나 학교를 다니며 취미이지만 전문가다운 실력을 뽐내는 사람들이 늘어나고 있는 것이 그 예이다.

출처 : 월간식당 제295호, 2009년 10월호

즉 두 가지 극단적 방법의 중도적 대안으로 전체 시장을 욕구가 비슷한 고객집단으로 구분하고 각 세분시장이 원하는 차별적 메뉴를 개발하여 고객의 다양한 욕구를 만족시켜야 한다.

#### (2) 시장세분화의 중요성

현재의 외식 산업을 살펴보면 인구는 감소하는 반면 보다 많은 메뉴가 생겼다가 도태되고 있다. 또 외식 기업들은 브랜드 확장과 시장점유율 확보를 통해 이익과 성장을 추구하기 때문에 경쟁의 강도가 격화되고 양극화가 뚜렷해졌다. 한층 다양하고 섬세한 욕구와 취향 그리고 라이프스타일을 갖춘 고객들을 만족시킬 수 있는 메뉴와 서비스가 앞다투어 출시되는 이 시점에서 시장세분화는 메뉴 마케팅 전략의 가장 핵심적인 개념이라 할 수 있다.

#### (3) 시장세분화의 절차

얼마나 많은 소비자를 하나의 집단으로 묶을 것인지를 먼저 파악하고 세분화 변수를 선정한 다음 상품시장을 세분화한 후 각 세분시장의 특성을 파악하는 단계를 거친다.

### 2) 포지셔닝P, positioning

표적시장을 선택하고 나면 외식 기업은 자사의 메뉴 상품을 어떻게 부각시켜 소비자의 마음에 자리 잡게 할지의 과제를 안게 된다. 이는 표적시장에서 자사의 메뉴 상품이 차지할 위치를 선정해야 함을 의미하는데, 이를 포지셔닝이라 한다.

#### (1) 포지셔닝 전략의 유형

① 상품의 속성에 의한 포지셔닝

표적소비자들이 중요하게 생각하는 메뉴 상품의 속성에서 자사의 상품이 차별적 우위를 갖고 있음을 직접적으로 강조하는 방법이다. 예를 들어 새로운 유통구조 체제를 확립한 외식 업체가 신선한 식재료를 집중적으로 강조하여 건강을 추구하는 소비자들을 공략할 수 있겠다.

② 사용상황에 의한 포지셔닝

메뉴 상품이 사용될 수 있는 적절한 상황과 용도를 자사 상품과 연계하는 방법이다. 병원이 밀집한 지역에 죽 전문점이 분포되어 있는 것이 상황에 따른 포지셔닝을 시도한 예라 할 수 있다.

③ 사용자에 의한 포지셔닝

표적시장 내의 고객을 겨냥하여 자사의 메뉴 상품이 그들에게 적절하다고 강조하는 방법이다. 대형 마트에서 판매하는 혼자 사는 가구를 위한 1인 음식 포장 상품이나 패스트푸드점의 다이어트를 위한 저칼로리 메뉴 상품 등이 이미 일반화되어 있다.

④ 경쟁 메뉴에 의한 포지셔닝

고객의 마음에 강하게 인식되어 있는 경쟁 메뉴에 대한 자사품의 차별성을 제시하는 방법이다. 국내의 믹스 커피라 하면 으레 떠올리는 상품이 있는데 이러한 인식을 깨고자 프림 걱정 없이 마시는 커피라는 콘셉트로 신제품을 출시하는 등 다양한 차별화 시도가 이어지고 있다.

⑤ 이미지 포지셔닝

독특하거나 매력적인 이미지를 구축하여 메뉴 상품을 강조하는 방법이다. 저렴한 가격의 커피가 있음에도 불구하고 고가의 브랜드 커피를 마시는 사람들이 늘고 있다. 이는 그 브랜드만의 이미지와 느낌, 친절한 서비스를 통해 여유 있게 커피를 마실 수 있다는 차별적 이미지를 구축했기 때문이다.

⑥ 재포지셔닝

시간이 경과함에 따라 훌륭했던 포지셔닝이 현 시장에서는 부적합한 경우가 발생한다. 고객의 욕구나 시장의 경쟁상황이 변화하여 재포지셔닝이 불가피할 때도 있는데 이러한 경우 상품 자체를 계속 교체할 수 없어 기존 상품을 재포지셔닝하기도 한다. 이때 과거 메뉴의 포지셔닝을 추적하고 현 시장을 철저히 파악하여 새로운 포지션을 개발해야 한다.

#### (2) 포지셔닝 전략 계획의 수립과 집행

많은 외식 브랜드와 메뉴 상품들이 동일한 고객을 대상으로 경쟁하는 상황 속에서 경쟁자가 쉽게 모방할 수 없는 독특한 포지셔닝 방법을 찾아내기란 쉬운 일이 아니다. 그러므로 표적시장 내의 대다수가 중요하게 생각하고 자사의 메뉴 상품이 경쟁상대에 비해 비교우위를 갖는 차별성을 찾아내어 이를 표적고객에게 정확히 전달할 수 있도록 체계적인 포지셔닝 계획을 수립 및 집행해야 한다.

### 3) 표적시장의 선정T, targeting

전체 외식 시장을 몇 개의 세분시장으로 구분한 다음 각 세분시장의 특성과 상대적 가능성을 평가하여 사업목표를 가장 잘 충족시킬 수 있는 세분시장만을 표적시장으로 선택해야 한다.

### (1) 표적시장 선정 시 고려 사항

새로운 세분시장은 신규 투자를 회수할 수 있을 정도로 충분한 시장규모를 갖고 있어야 한다. 새로운 표적시장 진입에 따른 메뉴 개발, 유통망 개척, 설비에 소요되는 자원을 관리자가 부담할 수 있는지도 검토해야 한다. 고객의 욕구가 세분화되지 않은 단일 메뉴가 성숙기로 넘어가면 그 다양한 욕구를 충족시키기 어려우므로 각 세분시장별로 차별화된 메뉴가 필요하다.

### (2) 표적시장 선정 전략

#### ① 비차별화 전략

전체 세분시장에 하나의 마케팅 프로그램을 적용하는 방법으로 고객들의 공통점에 초점을 맞추고 전체 고객을 대상으로 영업을 하는 마케팅 전략이다.

#### ② 집중화 전략

자원이 제한되어 있는 외식 기업이 마케팅 노력을 분산시키지 않기 위해 단일 세분시장만을 집중적으로 공략하는 전략이다.

#### ③ 차별화 전략

전체 외식 시장을 세분화하여 각 세분시장을 독립적 표적시장으로 보고, 표적시장별로 마케팅 믹스 전략을 차별적으로 구사하는 방법이다.

**표 7-1** / 표적시장 선정 시 3가지 전략

| 구분 | 비차별화 전략 | 집중화 전략 | 차별화 전략 |
|---|---|---|---|
| 시장 정의 | 전체 세분시장 | 단일 세분시장 | 독립적인 각 세분시장 |
| 상품 전략 | 다양한 소비자들을 하나의 제품이나 마케팅 프로그램으로 충족 | 단일 세분시장에서 단일 제품과 서비스로 경쟁적 우위를 차지 | 표적시장별 차별적 제품과 서비스로 차별화된 전략을 구사 |
| 가격 전략 | 전체적인 단일가격 | 단일가격 | 차별적 가격 |
| 유통 전략 | 다양한 유통경로 선정 | 단일 유통경로 선정 | 세분시장별 차별적 유통경로 선정 |
| 촉진 전략 | 다양한 대중 매체 활용 | 전문화된 매체 활용 | 세분시장별 차별적 매체 활용 |
| 전략의 장단점 | 하나의 마케팅 프로그램으로 전체 세분시장에 적용할 수 있으나 다양한 소비자의 욕구를 충족시키는 데 한계가 따른다. | 제한된 시장에서 경쟁우위 확보는 가능하나 고객의 욕구 변화, 대기업 진출 시 대처가 어렵다. | 소비자의 만족도 증가로 매출 상승이 가능하나 영업비용의 증가를 고려해야 한다. |

# 3. 메뉴 마케팅 믹스

마케팅 믹스(4P)는 상품product, 가격price, 유통경로place, 촉진promotion 등을 의미하며 이 4가지 요소는 상호 밀접한 연관이 있다. 그러므로 각 요소가 서로 도움을 줄 수 있는 보완성이 필요하다.

## 1) 상품product

상품이란 외식 기업이 고객을 위해 시장에 제공하여 욕구를 충족시키는 것으로서 판매를 위해 제공되는 모든 것으로 정의할 수 있다. 음식점은 생산과 소비가 동시에 발생하며 서비스는 무형적이다. 식음료와 인테리어 같은 유형적인 품목과 안락하고 편안한 분위기, 고급화된 인적 서비스 등이 조화를 이루어 하나의 상품으로 판매되므로 음식점의 상품은 유형과 무형이 조화를 이루어야 한다.

## 2) 가격price

화폐 또는 교환매체로 외식 기업이 판매하려는 상품 혹은 서비스에 대해 고객에게 제시하는 지표이다. 고객의 입장에서 가격은 상품이나 서비스를 제공 받고 판매자에게 지불하는 대가이다.

가격이라는 요소는 경쟁우위의 원천이기 때문에 고객의 구매의사 결정 시 가장 민감하게 반응하는 부분이며, 업체의 이미지와 고객 믹스를 결정하는 핵심 요인이므로 최적의 가격을 결정하기 위해 기업 내외의 요인들을 고려해야 한다.

## 3) 유통경로place

유통이란 생산자로부터 소비자에게 상품과 서비스가 이전되는 경로로서 생산자, 중간상, 최종 고객을 포함한다. 생산자는 외식 상품을 판매할 때 최적의 유통경로를 구성하기 위해 다양한 형태의 중간상들을 이용한다. 중간상의 이용으로 마케팅 활동에 대한 통제력이 상실될 수 있음에도 불구하고 생산자가 그 기능의 일부를 그들에게 위임하는 것은 중간상을 이용하여 얻는 혜택이 통제력의 상실로 인한 비용보다 크기 때문이다.

### 4) 촉진promotion

촉진이란 고객과 판매자 간에 설득적 메시지와 정보를 교환하기 위해 마케터가 사용하는 커뮤니케이션이다. 촉진은 메뉴 상품의 판매 증대를 위해 고객의 욕구와 지각을 자극할 수 있는 중요한 활동이다. 따라서 상품에 대한 흥미를 자극하는 활동이나 광고 및 서비스의 상호작용을 통해 이를 널리 알리고 고객의 선호도를 창출하는 것이라 할 수 있다.

# 4. 메뉴 마케팅의 종류와 사례

사회구조가 복잡해지고 소비자의 기호가 다양해지면서 유행이 급속하게 변하는 시대를 맞아 외식 산업도 변화하지 않을 수 없는 환경에 놓였다. 이제 외식 업계는 고객이 바라는 욕구를 먼저 파악하여 그에 맞는 상품을 제공하지 않으면 생존하기 힘든 경쟁 산업사회로 이행하고 있다. 이에 따라 현재 실행되고 있는 다양한 마케팅의 종류와 사례를 통해 실질적으로 시장에서 어떻게 마케팅이 실현되는지를 알아보기로 한다.

### 1) 관계마케팅

시장이란 늘 수많은 사건이 일어나는 곳이다. 보이지 않는 경제 현상 속에서 마케팅을 주도할 수는 있다 해도 고객의 마음을 움직여 구매까지 유도하는 행위는 매우 복잡하고 예측할 수 없는 일이다.

현재 마케팅 시장은 성숙기에 접어들고 경쟁도 치열해짐에 따라 각 기업은 한정된 환경에서 점유율을 유지하고 높이기 위해 고객과의 관계를 중요시하게 되었다. 기존의 마케팅은 신규고객의 획득이 중심이었으나 관계마케팅은 기존 고객의 유지와 향상에 초점을 두어 유대관계를 강화함으로써 거래나 교환이 장기적으로 지속되어 기업과 소비자 모두의 이익을 보호하자는 개념이다.

관계마케팅의 핵심은 고객의 생애주기와 같이 성장하는 관계를 형성하는 것으로서 소비자를 성취해야 할 목표가 아니라 사업의 동반자로 인식하고 장기적인 관계를 유지할 때 수익적인 마케팅 성과를 볼 수 있다. 관계마케팅에서는 고객과의 의사소통이 무엇보다 중요하므로 그들이 원하는 바를 이해하는 것이 경쟁적 우위를 선점하는 지름길이다.

관계마케팅의 사례는 R호텔에서 찾아볼 수 있는데, 털 알레르기가 있는 고객을 위해 순면 베개를 준비하고 왼손잡이 손님을 위해 포크와 나이프의 배열을 달리하여 불편함을 최소화하는 등의 세심함을 보이고 있다. 더 나아가 고객의 사소한 정보도 놓치지 않고 저장해 두었다가 재방문 시 모든 서비스를 그 취향과 습관에 맞춰 제공하고 있다. 이는 '고객인식 프로그램'이라는 정보기술의 탁월한 선행형 시스템이 있기 때문에 가능하다. 이 프로그램은 고객과 대면하는 직원들이 고객기호카드라는 수첩을 가지고 다니면서 서비스 향상에 도움이 될 사실을 발견하면 즉시 기록하고 차후 고객이 재방문할 경우 이렇게 입력되어 있는 정보를 바탕으로 맞춤 서비스를 제공하는 것이다.

이렇듯 외식 산업에서도 각 고객의 메뉴 기호도 조사와 함께 다양한 데이터 수집을 통해 그들이 원하는 바를 먼저 제공할 수 있어야 한다. 개인 맞춤식 서비스를 중심으로 장기적이고 지속적으로 고객과의 유대관계를 형성하고 발전시키는 것이 관계마케팅의 핵심이라 할 수 있겠다.

## 2) 체험마케팅

소비자에게 제품을 쓸 수 있는 기회를 제공하고 홍보의 효과를 높이기 위한 체험마케팅이 이제 고객의 사무실과 모임장소 등으로 직접 찾아가고 있다.

최근 건강지향적, 자연친화적 음식문화의 중요성이 대두되면서 상품을 직접 만져보고 듣고 맛보고 즐기는 등 총체적인 경험을 통한 구매가 이루어지고 있으며, 이로써 체험이라는 새로운 콘텐츠가 형성되고 있다. 한 외국계 도넛 회사의 경우 벨트 컨베이어를 설치하여 도넛의 제조부터 소비자에게 전달되는 과정 전체를 보여 줌으로써 고객의 흥미를 유발하고, 직접 만들어지는 광경을 통해 안전한 음식이라는 브랜드 이미지도 구축하게 되었다.

또 다른 체험마케팅 사례로 예술성을 접목하여 고객과의 긴밀한 소통을 통해 브랜드 경쟁력을 높이는 경우도 있다. 한 제과업체에서는 어린이들이 직접 과자와 케이크를 만드는 '꿈나무 파티쉐' 체험교실을 열어 아이들이 직접 다양한 모양의 빵을 만드는 체험을 통해 예술적 창의력도 키우고 부모와 자녀가 함께 소통할 수 있는 장을 마련해 줌으로써 브랜드에 대한 이미지와 호감도를 높이고 있다.

### 3) 서비스마케팅

현재 외식 사업체들은 치열한 경쟁으로 인해 핵심 서비스만으로는 경쟁우위를 확보하기 어렵다는 사실을 모두 인식하고 있다. 이에 따라 기존의 서비스 외에 보조 서비스를 확대 또는 추가하여 외식 산업의 차별화를 시도하고 있다. 레스토랑의 경우 핵심 서비스는 주로 메뉴 판매를 통해 발생하기 때문에 대체로 그 유형이 동일하여 차별화가 어렵다. 그러므로 동종 업체와는 다른 서비스를 제공함으로써 타 업체와의 경쟁에서 우위를 차지할 수 있어야 한다.

레스토랑에서 본원적인 서비스가 친절한 고객 응대라면 보조 서비스의 확대 및 추가로는 고객의 편의를 위한 발렛주차(대리주차)나 가족 단위 고객을 위한 유아 놀이방, 수유실 운영 등이 대표적인 경우이며 그 외에도 고객우대 서비스를 위한 마일리지 적립 등 다양한 방법이 있을 수 있다. 앞으로 많은 보조 서비스가 제공되면서 점차 본원적 서비스보다 오히려 더 부각될 것으로 보여 다양한 서비스마케팅을 위한 콘셉트와 도구의 개발이 필요할 것으로 전망된다.

서비스마케팅의 대표적인 사례로는 L슈퍼가 적합할 듯하다. L슈퍼는 소비자에게 더욱 편리하고 쾌적한 쇼핑환경을 제공하여 새로운 슈퍼마켓 문화를 만들어 간다는 목표 아래 다양한 서비스를 시행하고 있다. 특히 집에서도 편리하게 쇼핑할 수 있는 인터넷 쇼핑몰 'E-super'를 개설하여 주문 후 3시간 이내 배송이라는 혁신적인 서비스를 선보였다. 그 결과 맞벌이 부부처럼 시간이 부족한 고객도 365일 집에서 편리하게 장을 볼 수 있게 되었다. 인터넷에 익숙하지 않은 노인층 고객을 위한 '전화 주문 쇼핑몰' 서비스도 도입하여 전화 한 통으로 상품을 접수, 결제, 배송함으로써 편리함과 함께 매장의 신선함을 그대로 전해 주고 있다.

또 다른 사례로 유제품 제조회사인 S우유협동조합은 소비자에게 가장 신선한 우유를 제공하고자 목장과 고객을 잇는 유통 전 과정을 냉장 상태로 운반하는 콜드체인 시스템을 도입하였다. 유업계 최초로 모든 품목에 대해 HACCP을 적용한 기업으로 철저한 위생관리를 위해서도 노력하고 있다. 그 외에도 우유 품질의 핵심요소인 원유의 질을 극대화하기 위해 국내에서 유일하게 젖소 마리당 담당 주치의를 두고 그 건강을 철저히 관리하고 있다.

Tip

## 서비스 리커버리 Service Recovery

### 불만고객을 충성고객으로 만들기 위한 서비스 리커버리 마케팅 전략

메뉴에 대한 불만은 비교적 사전에 철저한 관리를 통해 방지할 수 있는 부분이지만 서비스의 경우는 인적 자원에 의존하는 경우가 대부분이라 미연에 막기가 쉽지 않다. 불만고객을 충성도 높은 고객으로 바꾸는 '서비스 리커버리 마케팅 전략'을 살펴보겠다.

■ 컴플레인 회복과정 시스템화

컴플레인 사례는 매우 다양하지만 어느 업체나 비슷하다. 그러므로 레스토랑 책임자는 여러 불만 사례 등을 꼼꼼히 체크하고 기록하는 습관을 갖는 것이 좋다. 이는 매장에서 발생한 사건들을 정리하고 데이터를 축적하여 공통된 원인을 분석하고 적절한 대처방법을 찾아 시스템화함으로써 효율적인 불만고객 관리가 가능해지기 때문이다.

■ 직원 교육을 통한 효과적인 사전사후 고객불만 관리

서비스와 관련한 불만은 사전에 철저한 직원 교육을 통해 충분히 잘 처리할 수 있다. 시작은 사소한 불만이었으나 이후 직원이 대처하는 태도나 방법에 따라 해결될 수도 혹은 악화될 수도 있기 때문에 지속적이고 철저한 직원 교육을 통해 서비스 정신으로 의무와 책임을 갖고 업무에 임하도록 적극적인 지원이 필요하다.

■ 고객과 직원 간의 동질감 형성

고객과 직원이 적대적인 관계를 형성하면 불만 발생률이 높아지므로 친근감을 형성해야 불만도 의견으로 전환될 수 있으며, 이 의견이 수렴될 경우 만족으로 이어진다. 자체 홈페이지를 통한 활발한 커뮤니케이션으로 불만고객이 열정적 애정을 갖는 고객으로 바뀌는 결과를 가져오기도 한다.

■ 고객의 기대 이상으로 적극적인 해결 의지 보여야

고객은 불만이 생겼을 때 기대만큼 처리가 되면 만족은 하지만 기뻐하거나 감동하지는 않는다. 그러나 기대 이상으로 처리될 경우 오히려 충성고객이 되어 다른 사람에게까지 그러한 사실을 알리게 된다. 레스토랑의 잘못으로 인한 불만이 아니더라도 적극적으로 처리하여 노력하는 모습도 필요하다.

■ 불만을 토로할 수 있는 채널의 다양화

불만고객은 유형에 따라 직원에게 직접 표현하기도 하지만 직접적으로 토로하는 것을 꺼리는 경우도 많다. 이러한 경우 불만스러운 상태로 매장을 나가게 되면 재방문은 기대하기 어렵다. 그러므로 매장 테이블이나 카운터 근처에 메뉴와 서비스 만족도에 대한 평가를 적을 수 있는 공간을 마련하여 고객의 의사를 적극적으로 반영하고 이에 대한 적절한 응답이 이루어져야 한다.

출처 : 월간식당 제256호, 2006년 7월호

## 4) 그린마케팅

점차 자연환경에 대한 관심이 높아지면서 환경친화적 자연보호와 탄소 배출의 절감을 통한 그린마케팅이 생태적 환경의 핵심 부문이 되고 있다. 자원의 고갈과 자연의 훼손을 걱정하는 현시대에 환경 오염 문제는 또 다른 비용을 발생시키고 있다. 오염된 공기를 정화하기 위한 시설을 갖춰야 한다거나 정수처리 등의 개선이 필요한 것이다. 이제 탄소 배출료, 음식물 쓰레기 처리비 등 환경과 관련된 비용이 세금에 추가되는 시대가 곧 올 것이다. 이에 따라 고객과 환경을 위해 옳은 일을 하는 기업으로서 그린마케팅을 선도하는 이미지를 홍보한다면 장기적으로 경영목표의 성공에 가까워질 수 있다. 환경에 대한 관심의 고조와 함께 지구상의 원자재 부족과 증가하는 에너지 비용에 대한 대비책을 마련해야 하며, 그린마케팅의 실천이야말로 계속 변화하는 환경 속에서 필수적인 과제라고 할 수 있다.

그린마케팅의 사례로 D사에서는 프레온 가스가 오존층을 파괴하는 물질임을 대대적으로 알리고 대체물질의 개발을 위해 최고 10억 달러를 투자했다고 한다. 플라스틱 등 수지 제품의 회수 비즈니스, 야생 동물의 서식지 보호를 위한 지구관리에도 노력을 기울이고 있다.

또 다른 사례로 P사는 바른 먹을거리 운동 캠페인을 펼치며 환경을 보호하고 유지하는 사업에 참여하고 있다. P사는 12억 원 이상 적립된 환경 보전 기금으로 샛강 살리기 운동과 자원 재활용 캠페인, 스테인리스 휴지통 제작, 충북 생태계 영상물 제작, 환경 오염 지도 제작, 포장재 수거 운동, 설악산 쓰레기봉투 제작 등 환경친화적인 활동을 적극적으로 지원하고 있다. 이렇게 유용한 그린마케팅을 통해 고객으로부터 높은 신뢰감을 형성하여 기업의 좋은 이미지를 심을 수 있게 되는 것이다.

## 5) 버즈마케팅

버즈마케팅이 새로운 전략으로 떠오르고 있다. 버즈buzz의 사전적 의미는 벌 떼가 윙윙거리는 또는 와글와글하는 소리이다. 즉 버즈마케팅은 자사의 제품과 서비스 등에 대해 고객들이 와글와글 떠들어 긍정적인 입소문을 내게 하는 방법으로서 인지도 제고와 함께 궁극적으로 매출 증대를 목표로 하고 있다.

버즈마케팅은 전 산업에 걸쳐 폭넓게 사용되고 있는데, 어떻게 입소문이 나느냐에 따라 심한 경우 업체를 죽일 수도 혹은 살릴 수도 있는 막강한 힘을 갖고 있다. 이러한 버즈마케팅은 최근에 등장한 것이 아니라 이미 선진화된 마케팅 기법이 나타나기 이전부터 가장 손쉽게 사용되면서도 가장 확실한 효과를 보장해 왔다. 단지 과거에는 구체적인 목표를 갖고 의도적으로 진행하는 하나의 마케팅 전략으로 인지하고 이를 활용하는 경우가 드물었을 뿐이다.

현재 버즈마케팅은 대부분의 마케터들이 가장 주력하는 마케팅 전략으로 급부상하였으며, 자사의 제품과 서비스를 대상으로 한층 조직적이고 체계적인 활동을 펼치고 있다. 인터넷 활용률의 급증에 따라 온라인상의 무수히 많은 커뮤니티 공간에서도 적극적으로 활용되고 있다.

### (1) 버즈마케팅의 활용

- 경쟁사에 자사의 홍보활동을 직접 노출시키지 않는 은밀한 진행이 필요할 때
- 신제품의 원활한 시장 진입을 위한 작업 시
- 소비자의 인식과 다르게 제품의 품질이 월등히 높을 때
- 비용, 법률상의 문제로 대중매체 광고가 힘든 경우 혹은 그에 상응하거나 더 나은 홍보 효과를 기대할 때
- 시장 진입 초기에 해당 브랜드를 알리고자 할 때

### (2) 버즈마케팅의 장점

버즈마케팅의 장점으로는 저비용, 고효율, 우량고객 확보를 들 수 있다.

- 입소문 전파자의 '입'을 대상으로 하기 때문에 일반 광고에 비해 비용이 적게 들며 입에서 입을 통해 피라미드처럼 전파되어 고객이 눈덩이처럼 늘어나는 Snowball 효과(고효율)를 볼 수 있다.
- 해당 제품과 서비스에 대한 경험을 통해 만족을 느낄 경우 충성고객(우량고객)이 될 수 있다.

### (3) 버즈마케팅의 단점

버즈마케팅의 단점으로는 의도적인 입소문과 그에 따른 역효과를 들 수 있다.

- 외식 업체들이 보다 조직적이고 의도적으로 입소문을 내는 경우가 많다. 이러한 의도적인 마케팅의 역효과로 관계자가 퍼뜨린 것이 알려질 경우 브랜드 이미지의 실추는 물론 불매운동과 매출하락으로 번질 수도 있다.
- 긍정적인 내용만을 주제로 하지는 않으며, 경쟁사의 약점을 크게 부각시키고 자사의 강점을 강력하게 강조한다.
- 온라인상에서 악성 루머나 과장되고 지극히 주관적인 의견이 게시되는 것을 필터링하는 보완장치가 마련되어 있지 않다.

### 6) 슈머마케팅

미래학자 앨빈 토플러가 『제3의 물결』에서 생산자producer와 소비자consumer를 합성한 신조어 '프로슈머'를 만들어 낸 이래 프로슈머 경제는 우리 시장에 주요 경제 현상으로 자리 잡았다. 그의 다른 저서인 『부의 미래』에서도 기업은 돈을 주지 않고 고객에게서 유용한 신제품 아이디어, 광고 아이디어, 슬로건을 얻고 있다고 말했다.

요즘에는 프로슈머 자체가 다양하게 진화하면서 기업도 이에 맞춰 마케팅 전략을 짜고 있으며, 마케팅 활동에 직접 고객을 참여시키는 슈머(consumer의 sumer)마케팅이 재부상하고 있다. 소비자의 수준이 전문가와 맞먹으면서 똑똑한 고객을 만족시키는 방법은 그들에게서 찾을 수밖에 없는 상황에 의해 자연스럽게 슈머마케팅이 부각되고 있는 것이다. 슈머에는 다음과 같은 유형이 있다.

#### (1) 마담슈머 madam consumer

여성을 칭하는 madam과 생산활동에 참여하는 소비자를 뜻하는 consumer를 합한 합성어로 기업의 다양한 신상품과 서비스를 직접 체험해 보고 소비자의 입장에서 의견과 아이디어를 제공하는 여성 소비자를 의미한다. 과거에는 단순히 상품 사용 후기를 참고하는 정도였으나 점차 소비의 패턴과 문화가 발달하고 세분화하여 기업들도 온라인 홍보마케팅의 수단으로 마담슈머를 활용하고 있다.

이러한 마담슈머의 활동은 기업뿐 아니라 전 산업 분야로 확산되고 있으며 지원자 또한 크게 늘고 있다. 한 예로 가정의 음식물 쓰레기 처리기를 만드는 A기업은 기수별 마담슈머를 선발한 후 체계적인 마담슈머 프로그램을 운영하고 있는데, 이들은 사용 후기를 개인 블로그에 상세히 올려 상품을 분석하고 홍보하는 데 매우 적극적이다. 또한 본인의 살림 노하우들이 실제 상품 제작에 반영될 때는 마담슈머로서 큰 보람과 긍지를 느낀다고 한다. 이렇듯 가정 내에서 상품 구매 결정권을 가진 주부들의 마담슈머 활동은 전 분야로 계속 확산될 전망이다.

#### (2) 트라이슈머 try consumer

소비자 consumer와 시도하다의 try를 합하여 체험적 소비를 하는 고객층을 뜻하는 용어로서 간접정보에 의존하기보다는 스스로 새로운 상품이나 서비스를 체험한 후 필요성을 판단하여 구매하는 고객을 말한다. 새롭게 출시되는 상품은 계속 늘어나는 반면 그 수명주기는 점점 짧아져 좋은 물건을 구분하기가 쉽지 않은 현 시장에서 구입 전에 구매하고자 하는 브랜드의 정보 탐색은 필수라 할 수 있다. 인터넷 상품 소개 코너에 고객의 상품평이 있는 경우 구매 건수가 높아 홍보성 문구로 채워진 카탈로그보다 비슷한 입장의 소비자가 직접 체험한 내용의 평가를 더 신뢰하는 것으로 나타났다.

### (3) 크리슈머 creative consumer

마담슈머와 트라이슈머의 경우 신상품 출시 후 마케팅 수단으로 활용되는 의미가 크다면 크리슈머는 초기에 좀 더 참여도가 높은 창조적 소비자층으로 볼 수 있다. 기업이 아이디어를 상품화할 때 상품 개발, 디자인, 판매, 홍보 등 전 분야에 걸쳐 고객이 적극적으로 참여하는 형태로서 기업의 입장에서는 아이디어 생산비를 절감하고 소비자가 원하는 것을 정확히 파악할 수 있다.

현재 크리슈머는 신상품 출시 직전에 물건을 직접 사용한 후 장단점을 파악하고 개선사항과 보완점을 제시하여 소비자가 원하는 상품에 최대한 가깝도록 완성도를 높이는 중요한 역할을 하고 있다. 죽 전문점인 A 외식 업체는 메뉴 자체를 소비자의 의견에 따라 개발하고 출시하는 등 점차 크리슈머 영역이 확대 및 활성화되고 있다.

# 8

# 메뉴 상품 개발

1. 메뉴 상품 개발의 개념
2. 메뉴 상품 개발의 중요성
3. 메뉴 상품 개발의 요인
4. 메뉴 상품 개발의 유형

# 1. 메뉴 상품 개발의 개념

## 1) 신상품 메뉴 개발의 정의

신상품 메뉴 개발은 기업 관점의 신상품 개념과 소비자 또는 시장 관점의 신상품 개념으로 분류된다 **표 8-1** . 신상품이란 시장에 도입된 지 6개월 이내의 상품으로 시장점유율이 일정 비율 미만인 최근 상품으로 정의한다. 신상품 메뉴의 종류로는 성장 상품, 고부가가치 상품, 히트 상품, 정보집약형 상품, 장수 상품 등이 있다.

**표 8-1** / 신상품 메뉴 개발의 정의

| 구분 | 내용 |
|---|---|
| 기업의 관점 | • 제조기업 스스로 신제품으로 간주하는 상품화된 제품<br>• 기업의 새로운 기술, 새로운 시장, 새로운 생산방법을 적용하였는지 여부에 초점을 맞춘 관점이다. |
| 소비자의 관점 | • 잠재고객에 의해 새로운 것으로 지각되는 제품<br>• 소비자의 관점에서 잠재고객에 의해 새로운 것으로 인식되는 제품, 서비스, 아이디어를 뜻한다. |
| 시장의 관점 | • 기존의 제품과는 다른 혁신적인 특징을 보유하고 있는지에 초점을 맞춘 관점<br>• 기존의 제품과는 다른 새로운 시장을 창출할 수 있는지에 의해 신제품 인정 여부를 결정한다. |

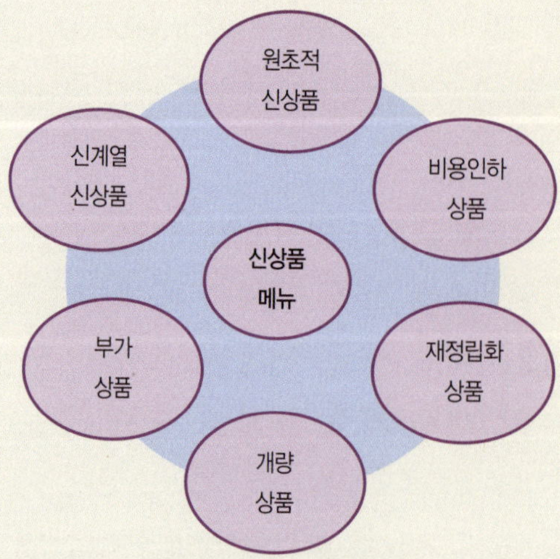


신상품 메뉴의 범주

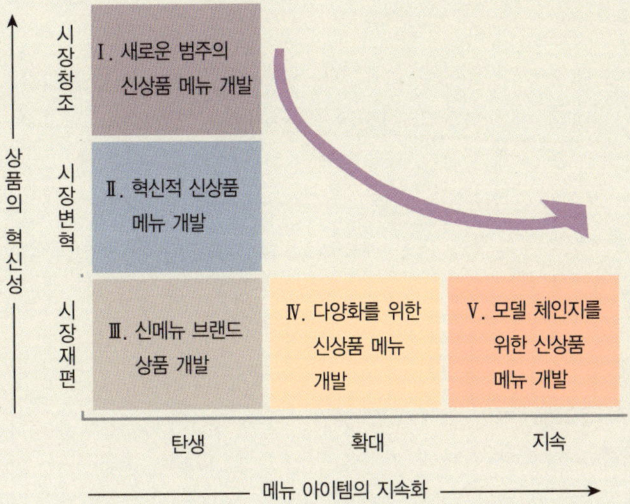


신상품 메뉴의 유형

## 2) 신상품 메뉴 개발의 배경과 목적

### (1) 신상품 메뉴 개발의 배경

① 성공적인 신상품 메뉴들은 기업의 성장에 중추적인 역할을 한다.
② 현대 마케팅 전략에서 기초가 되는 전략 중 제품차별화 전략에 속한다.
③ 신상품 메뉴 자체에 상징적 중요성이 있나.
④ 신상품 메뉴 개발 경쟁은 기술 혁신의 발전과 개발에 중요한 역할을 한다.

### (2) 신상품 메뉴 개발의 목적

| 이익 증대와 시장점유율 | 다각화 | 업체 이미지 향상 | 제조업체의 안정화 | 효과적 가격변동 |
|---|---|---|---|---|
| • 창업 수익 확보<br>• 선발업체가 후발 업체보다 손익분기점 및 시장점유율 확보 | 다양한 품목화로 장기간 성장 보장 | 업체 이미지와 자체 메뉴 상품에 대한 고객 충성도 확보 | 신메뉴 상품 개발을 통한 수요의 연중 안정화 | 효율적인 가격인상 및 인하로 판매시장 가격 합리화 |

신상품 메뉴 개발의 목적

### 3) 메뉴 상품 개발의 개념

잘 계획되어 디자인된 메뉴는 고객 수를 증가시킬 뿐 아니라 판매를 촉진시킨다. 메뉴가 제공될 때마다 바로 매출과 직결되기 때문이다. 특히 메뉴는 그 식당의 개성과 분위기를 연출하는 도구이자 식당 마케팅에도 큰 역할을 하므로 메뉴 개발은 식당 경영을 위한 핵심적인 요소임에 틀림없다.

메뉴 상품의 개발은 음식에 대한 메뉴를 결정하는 것을 말하며 고객의 욕구 파악, 원가와 수익성과의 관계, 구입 가능한 식자재, 요리시설의 수용력, 다양성과 기호도, 영양적인 요인을 포함해야 한다.

메뉴는 무엇을, 얼마나 다양하게, 어디서 구매하고, 어떻게 조리하여, 언제, 누구에게, 얼마의 가격으로, 어떻게 제공할 것인지를 고려하여 결정해야 한다. 또 고객이 원하는 아이템을 파악하여 최적의 이익을 달성할 수 있도록 효과적인 상품과 종류를 선택해서 계획적으로 만들어야 한다. 명확한 메뉴 콘셉트를 설정해야 하며 식당 콘셉트와 연계성이 있는 이미지가 창출되도록 조화를 이루는 것도 중요하다. 메뉴 개발 시 고려해야 할 사항은 다음과 같다.

- 식당의 상권 특성에 적합한 메뉴의 개발이 필수적이다.
- 주력 메뉴와 히트 메뉴, 즉 스타 메뉴의 설정이 필요하다.
- 식재료의 공급이 용이해야 하며 공급가, 품질, 공급처, 가격변동 여부를 검토해야 한다.
- 주방 작업의 동선과 효율성 및 경제성의 분석이 선행되어야 한다.
- 메뉴의 전문성과 독창성, 차별성이 전제되어야 한다.

실제 메뉴 상품의 개발은 외식 산업의 경영관리 측면에서 사업의 유지와 성장을 위한 핵심적인 절차이기에 그만큼 실행도 쉽지 않다. 새로운 메뉴의 계획과 개발, 도입에 이르는 일련의 과정에서 구체적이고 시장지향적인 전략 없이 신상품 개발에 착수한다면 수많은 경쟁업체 가운데서 실패를 경험할 수밖에 없을 것이다.

## 2. 메뉴 상품 개발의 중요성

고객이 메뉴판을 보고 주문을 하는 순간이 경영자와 소비자가 직접 접하는 부분이라 볼 수 있는데, 이때 자신 있게 준비된 메뉴를 추천하고 선택을 유도할 수 있다면 더 새롭고 발전된 메뉴를 개발하기 위한 준비가 되어 있는 것이다.

메뉴는 단순히 음식을 주문하기 위한 안내판의 역할만 하는 것은 아니다. 메뉴는 식당의 첫인상을 결정지을 수도 있다. 단아한 이미지의 식당에서는 '역시 음식도 다르구나!' 하는 믿음을 주기도 하며, 외양이 다소 허름한 곳은 '보기와 다르게 음식은 먹을 만하네' 라는 생각이 들어 선입관을 바꾸기도 한다. 이처럼 메뉴는 고객의 첫 느낌에 확신을 주기도 하고, 믿음에 대한 부정의 효과를 보이기도 한다.

메뉴는 고객과 음식점의 커뮤니케이션 역할도 한다. 사업주가 모든 고객과 일일이 대화를 나눌 수는 없으므로 고객과 소통할 수 있는 매개로서 메뉴를 활용해야 한다. 메뉴 상품 개발의 중요성과 필요성은 **표 8-2** 와 같다.

**표 8-2** / 메뉴 상품 개발의 중요성과 필요성

| 구분 | 내용 |
|---|---|
| 중요성 | • 기업의 성장에 매우 중요한 역할을 한다.<br>• 메뉴의 수명주기를 인위적으로 조절할 수 있다.<br>• 그 자체로 상징적인 중요성을 갖고 있다.<br>• 단순한 스타일의 변화 외에도 실질적인 상품의 기능이나 품질 개선으로 이루어진다.<br>• 효과적인 가격관리 방법 중 하나이다. |
| 필요성 | • 평균 고객의 수를 증가시킨다.<br>• 새로운 고객을 유인한다.<br>• 현재의 고객시장을 개척한다. |

새로운 메뉴를 개발하는 목적에 따라 담당자는 고객의 욕구와 기호의 변화를 잘 파악하고, 이에 대한 서비스의 변화 정도를 예측할 수 있어야 한다. 외식 업체의 성공 여부는 이러한 메뉴의 전략에 의해 결정되므로 계획 단계에서 확실한 콘셉트 설정이 중요하다.

# 3. 메뉴 상품 개발의 요인

새로운 메뉴 상품 개발을 위한 기본 요소는 차별화, 집중화, 다각화, 단순화, 적절한 시기 등으로 나눌 수 있다 **표 8-3** .

표 8-3 / 메뉴 상품 개발의 기본 요소

| 구분 | 내용 |
|---|---|
| 차별화 | 소비자의 욕구에 있어 판매방법의 차이, 비용에 의한 차이, 효율에 의한 차이 등이 있으며, 기존의 메뉴와 다른 차별성을 확실히 내세운 메뉴 상품 개발이다. |
| 집중화 | 본래 메뉴의 장점과 효율을 부각시킨 메뉴 개발이다. |
| 다각화 | 수익 등 전반적인 안정화를 위한 외식 업체의 인적, 물적 자원의 효과적인 활용이 목적이다. |
| 단순화 | 수익성과 선호도가 비교적 낮은 메뉴 상품을 축소하거나 품목의 표준화로 메뉴를 단순화하는 작업이며, 비용 면에서 경제적인 메뉴 개발이다. |
| 적절한 시기 | 적절한 시기를 선택하여 메뉴를 개발하고 출시함으로써 성공가능성을 높인다. |

## 1) 내부적 요인

### (1) 매출과 시장점유율의 성장

외식 산업에서 매출 성장은 중요한 목표이며 장기적으로는 계속적인 수익성을 추구하는 전략이 될 수 있다.

### (2) 메뉴 상품의 수명주기

메뉴 상품 또한 일반 상품들과 마찬가지로 수명주기가 존재하는데, 성숙기에서 쇠퇴기로 접어들 때 이익이 감소하기 시작하므로 외식 업체는 항상 수명주기에 대처할 새로운 메뉴 개발에 힘써야 한다.

### (3) 음식의 트렌드와 흐름

시대적 환경에 의해 문화도 자연스럽게 흐름을 따르게 되는데, 음식도 그 시대를 따르는 한 문화의 영역으로서 트렌드를 좇고 있다. 21세기 현재 바른 먹을거리에 대한 화두는 메뉴 개발에서 빠질 수 없는 핵심 키워드가 되고 있으므로 음식의 트렌드는 결코 소홀이 할 수 없는 부분이다.

### (4) 식재료의 재고 처리와 잉여 식재료의 활용

외식 업체에서는 식재료의 재고를 처리할 수 있는 메뉴가 필요하며, 새로운 상품을 개발할 때에도 기존의 메뉴에서 활용할 수 있는 식재료를 파악하여 경제적인 메뉴 개발을 도모해야 한다.

### (5) 유휴설비와 자원의 활용

유휴설비나 사용되지 않는 자원을 활용하기 위해 메뉴를 개발할 수도 있다.

## 2) 외부적 요인

### (1) 고객의 니즈needs와 원츠wants 파악

메뉴를 개발하는 가장 큰 이유는 고객의 욕구이다. 그중에서도 니즈가 필요한 것을 가지려는 욕구라 한다면 원츠는 심리적 욕망이라 할 수 있다. 배가 고파서 끼니를 해결하려는 것이 니즈라면, 원츠는 어떤 메뉴를 선택할 것이며 선택한 메뉴를 어떤 공간에서 어떤 서비스로 제공 받을 것인지에 대한 개인적 욕망의 문제로서 자기만족이 충족되기를 바라는 것이다.

### (2) 경쟁사의 행동

경쟁업체에서 새로운 메뉴를 출시했을 때 기존 메뉴만으로 승부하기에는 무리수가 따른다. 그러므로 항상 동종 업계의 움직임을 주시하면서 이에 대처할 수 있어야 한다.

### (3) 식재료 제공자의 협력

식재료 수급에 있어 문제가 없도록 제공업체의 협력이 중요하다.

### (4) 라이프스타일의 변화

라이프스타일의 변화는 소비구조의 변화 또한 촉진한다. 여성의 사회 진출, 핵가족화, 나홀로족의 증가, 여가시간 증가, 건강이나 환경 보호에 대한 관심 증가 등에 따른 소비구조의 변화에 맞춰 메뉴 개발이 이루어져야 한다.

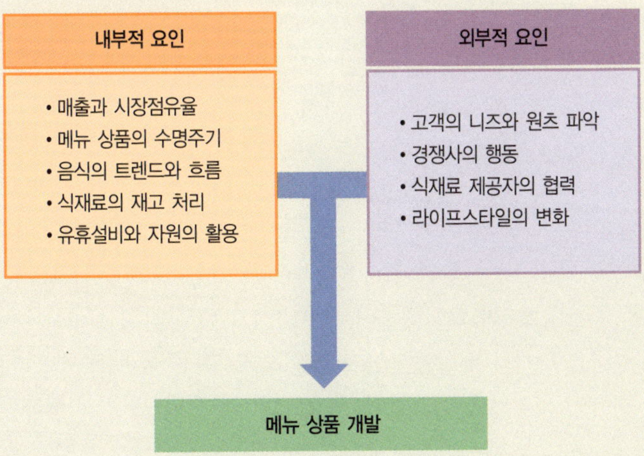


메뉴 상품 개발의 고려요인

### 3) 메뉴 선택행동의 고려요인

고객은 음식을 고르거나 소비하기 전에 다양한 요인에 의해 영향을 받는다. 어디서 무엇을 누구와 함께 먹을 것인지 결정함에 있어 가격에 대한 기대감과 판단 기준을 갖고 외식 업체를 선택한다. 따라서 메뉴의 선택은 가격과 아이템을 통한 고객의 가치 판단이 상호작용하여 이루어지는 선택행동이다. 메뉴 선택 시 고려요인은 다음과 같다.

#### (1) 음식의 질과 양

어떤 음식을 받아들일지를 결정하는 강력한 요인 중 하나로 생리학적인 감각이 있다. 음식의 맛에 대한 심리적, 정신적인 반응도 이 감각기관과 밀접한 관계가 있으므로 식품의 조리는 물론이고 조리한 요리의 제공 형태, 주방의 위생 상태, 식당의 분위기, 가격 등 여러 분야에서 고객의 반응을 살펴야 한다.

일반적으로 음식의 양은 생활 수준과 밀접한 상관관계를 가지며, 생활 수준이 향상됨에 따라 '양' 보다는 '질' 을 우선시하는 경향이 있다. 그러나 다이어트를 계획하거나 식사량이 적은 사람은 이와 관계없이 음식의 양에 민감하다. 인간의 건강 상태는 섭취하는 식품과 영양에 따라 달라지므로 음식의 질과 양은 건강을 유지하는 중요한 요소임을 기억해야 할 것이다.

#### (2) 가격

가격은 고객 수와 판매수입에 직접적으로 영향을 미친다. 최적가격은 이윤과 판매가에 대한 공정성과 적정성을 확보해야 하며, 가격 결정에서 가장 중요한 것은 고객의 평가를 파악하는 것이다. 업체의 입장에서는 매출 감소 없이 가격을 인상할 수 있다면 좋겠지만 가격인상은 판매량의 변화로 이어질 수밖에 없다. 가격은 판매 통제의 시작점이며 상품 판매의 중요한 요소이다. 따라서 경영자들은 메뉴 아이템과 수요의 탄력성에 기초하여 가격을 결정해야 한다.

#### (3) 영양과 건강

영양에 대한 관심이 날로 높아지면서 이에 따른 시장 변화가 일어나고 있다. 현재 식음료 시장은 저칼로리, 저지방 제품이 선보이면서 이에 관심이 많은 소비자를 대상으로 마케팅 전략을 구사하여 성공적인 결과를 얻고 있다. 이런 특정 집단을 대상으로 하는 마케팅 전략이 외식업에도 도입되어 '영양식 메뉴' 나 '건강식 메뉴' 를 개발하는 추세이다.

따라서 메뉴를 선택할 때 건강과 영양을 기준으로 삼을 수 있다. 이는 단순히 허기를 채우거나 개인의 기호에 따른 식욕을 채우는 것이 아니라 자신과 가족의 건강을 고려하여 충분한 영양 공급과 건강 증진의 만족을 더할 수 있는 메뉴를 선택한다는 뜻이다.

#### (4) 품목의 다양성

메뉴를 선택할 때는 아이템의 수도 중요하게 작용한다. 비슷한 조건의 외식 업체와 비교했을 때 다른 곳에는 없는 품목이 있다면 선택의 폭이 그만큼 다양해지기 때문에 그러한 식당을 선호하는 사람이 많을 것이다. 그러나 아이템의 수와 다양성의 문제는 선택행동과 더불어 원가와 직결된다. 즉 다양한 아이템으로 메뉴를 계획할 경우 식재료 확보에 대한 원가관리에 문제가 생길 수 있다. 그러나 소수의 소비자를 위한 메뉴의 개발도 필요하다. 대중적이지는 못하지만 특정 계층(어린이나 노인)이 이용함으로써 그 품목의 구매를 유도할 수 있기 때문에 메뉴 계획자는 이러한 점을 간과해서는 안 된다.

오늘날의 메뉴 계획은 양보다 질이 우선이며 미적 요인과 함께 기능적인 면을 중요시한다. 메뉴에서 아이템의 역할은 대중성에 영향을 미쳐 이윤 향상에 기여하는 것이다. 이 아이템의 수를 적정 수준까지 제한하는 것이 관리나 마케팅 측면에서 모두 유리한데, 이는 일반적으로 메뉴상의 수량과는 관계없이 고객이 선호하는 아이템의 수가 각 집단별로 4~5가지로 한정되어 있기 때문이다.

다양성의 제고는 아이템의 수를 늘리는 것보다는 새로운 조리방식이나 제공 형태 등을 통해 한 차원 높은 선택의 기회를 제공함으로써 달성할 수 있겠다. 그러므로 업체의 스타일에 따라 고정 메뉴를 사용하거나 계절별로 혹은 정기적으로 메뉴에 변화를 주는 것이 바람직하다.

# 4. 메뉴 상품 개발의 유형

메뉴 상품의 개발은 크게 기본적 메뉴 상품 개발과 부차적 메뉴 상품 개발로 나눌 수 있다. 먼저 기본적 메뉴 상품 개발에는 신메뉴 상품 개발, 기존 메뉴 상품의 개선, 기존 메뉴 상품의 신용도 개척이 포함된다. 부차적 메뉴 상품 개발에는 메뉴 상품의 다각화, 메뉴 상품의 단순화, 메뉴 상품의 폐기가 있다.

**기본 메뉴 상품 개발**

- 신메뉴 상품 개발
- 기존 메뉴 상품의 개선
- 기존 메뉴의 신용도 개척

**부차적 메뉴 상품 개발**

- 메뉴 상품의 다각화
- 메뉴 상품의 단순화
- 메뉴 상품의 폐기

메뉴 상품 개발의 유형

## 1) 신메뉴 상품의 개발

계속 변화하는 주변 환경에 맞춰 외식 산업도 능동적으로 빠르게 변모하고 있다. 메뉴 또한 고객의 요구와 기호도를 반영하여 지속적으로 개발되어야 할 것이다. 새로운 메뉴의 생산성 향상과 수익성 증대를 위해서는 연구 개발 활동과 마케팅의 조화 속에서 상품 개발 전략이 실행되어야 메뉴 시장에서 성공가능성을 높일 수 있다.

## 2) 기존 메뉴 상품의 개선

이미 판매 중인 메뉴 상품을 개선하는 것을 뜻하며, 새로 개발된 상품도 있고 오래된 기존 상품인 경우도 있다. 상품 개선은 기본적 개선과 부차적 개선으로 분류한다 **표 8-4** .

**표 8-4** / 기존 메뉴 상품 개선의 분류

| 구분 | 내용 |
|---|---|
| 기본적 개선 | 신구 상품의 구분 없이 주로 상품의 수명주기상 성숙기에 놓인 성숙 상품이나 쇠퇴기에 들어선 쇠퇴 상품의 경우에 적용한다. |
| 부차적 개선 | 기존 상품의 포장이나 구성과 같은 여러 가지 속성에 관한 개선을 의미한다. |

소비자의 욕구와 성향이 지속적이지 않을 때 그들의 필요에 따라 다음과 같은 경우에 기존의 메뉴 상품을 여러 용도로 개선하게 된다.

- 외식 시장이나 소비자 욕구의 변화에 대응하기 위해
- 새로운 메뉴로 개발된 기술을 이용하기 위해
- 판매량이 점차 낮아지는 메뉴 상품의 매출을 높이기 위해
- 동종 업체 간의 경쟁에 필요한 경우

기존 메뉴 상품의 개선은 다양한 부분에서 이루어지고 있으나 주로 품질 개선, 기능 개선, 스타일 개선으로 나눌 수 있다 **표 8-5** .

**표 8-5** / 기존 메뉴 상품 개선의 유형

| 구분 | 내용 |
|---|---|
| 품질 개선<br>quality improvement | 좀 더 건강한 식재료나 업그레이드 된 생산기술에 의해 상품의 신뢰성과 내구성을 증대하는 것이 목적이다. 결과적으로 메뉴 상품의 다각화와 다양화를 유도하고자 함이다. |
| 기능 개선<br>functional feature improvement | 품질 개발과는 달리 기존 상품의 여러 측면을 개선하여 보다 나은 편의성, 능률성, 안전성, 융통성 등을 도모하고자 하는 상품화 계획의 일종이다. 그러나 기능만의 개선은 드물고 항상 품질 개선과 동시에 이루어진다. |
| 스타일 개선<br>style improvement | 디자인 개선design improvement이라고도 하며 상품의 겉모양에 관한 개선을 의미한다. 주요 초점은 상품의 비주얼을 강화하는 데 있으며, 유행이나 트렌드와 직결될 때가 많다. 스타일 개선도 구체적으로 품질 개선이나 기능 개선과 크게 다르지 않아 기존 메뉴 상품의 업그레이드라 할 수 있다. |

**표 8-6** / 기존 메뉴 상품의 개선 사례

| 구분 | 내용 |
|---|---|
| 품질 개선<br>quality improvement |  <br>A사의 생라면은 라면의 불만요소인 기름과 화학 첨가물 문제를 해소하였으며, 기존의 주스와 달리 100% 천연 과일로 만든 생과일주스는 건강에 유익하도록 품질을 개선하였다. |
| 기능 개선<br>functional feature improvement |  <br>B사의 약밥과 C사의 바베큐 폭립은 가정에서 직접 만들어 먹을 때 드는 시간과 수고를 덜어주면서 맛 또한 빠지지 않는 상품으로 전자레인지 하나면 쉽게 즐길 수 있도록 기능을 개선하였다. |
| 스타일 개선<br>style improvement |  <br>D사의 참치 캔은 한입에 먹기 편한 깍두기 모양으로 조리 시에도 그 형태가 그대로 유지되며 다양한 요리에 활용할 수 있다. E사의 휴대용 껌은 깔끔하고 고급스러운 디자인을 원하는 여성 고객에게 어필하기 위해 얇은 케이스에 세련된 포장으로 휴대가 간편하도록 스타일을 개선하였다. |

## 3) 기존 메뉴 상품의 신용도 개척

기존에 사용되던 상품의 내용을 바꾸지 않고 다른 용도를 발견하여 이에 맞춘 또 다른 외식 시장을 개척하는 것을 뜻한다. 신용도 개척은 새로운 메뉴의 개발보다는 쉬울 수 있으나 기존 상품의 신용도를 발견하기 위해 외식 시장의 사전적 조사가 선행되어야 한다. 업체 스스로 그 상품의 신용도를 조사할 수도 있으나 실제로 직접 구매하고 소비하는 고객에 의해 파악되는 경우가 더 많다.

표 **8-7**/ 기존 메뉴 상품의 신용도 개척 사례

| 구분 | 내용 |
|---|---|
|  | 기존의 두부를 아침 식사로 대체할 수 있는 생식용 상품으로 새로운 용도를 개척하였다. |
|  | 저지방, 저칼로리 닭가슴살의 소비가 급증함에 따라 간편하게 먹을 수 있는 캔 상품으로 개척하였다. |

# 9

# 신메뉴 개발과정

1. 수명주기별 메뉴 상품 개발
2. 상품 개발 단계와 프로세스
3. 외식 메뉴 신상품의 출시 동향

# 1. 수명주기별 메뉴 상품 개발

새로운 메뉴와 서비스를 계속 개발 · 도입하지 않는 외식 기업은 오늘날과 같은 경쟁상황에서 뒤처져 결국 업계에서 살아남지 못할 것이다. 특정 메뉴를 통해 얻을 수 있는 매출액과 이익은 시간이 지남에 따라 감소하므로 기존 메뉴가 절정에 이르기 전에 새로운 메뉴를 개발해야만 한다. 따라서 메뉴의 교체와 개발 및 개선에 대한 성패는 상품의 수명주기 분석에 의해 좌우된다고 할 수 있다. 메뉴 상품은 이 수명주기별로 다음과 같이 매출과 이익이 변화한다.

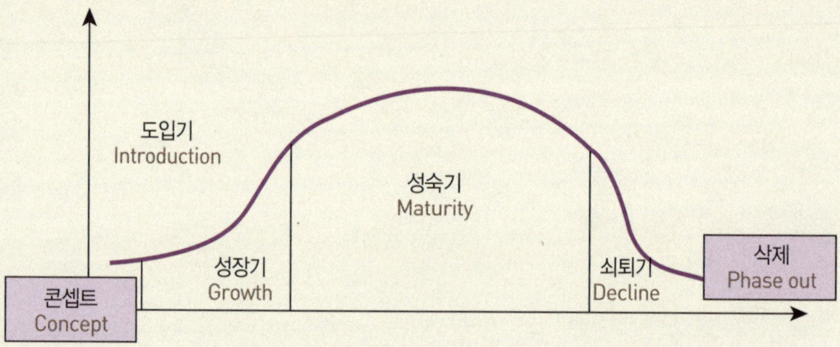


출처 : Powers T. Introduction to Management in the Hospitality Industry. 5th ed. John Wiley & Sons Inc. New York, 1995

외식 업체의 메뉴 상품 수명주기

- 다른 업체에서 동일하거나 유사한 메뉴 상품이 등장하면 소비자를 유치하는 데 한계가 있어 수명이 제한된다.
- 이익과 판매는 메뉴 상품 수명주기의 단계마다 다르게 증감한다.
- 각 단계별로 다른 마케팅 전략이 필요하다.

더 이상 고객의 욕구를 채워 주지 못하는 메뉴 상품은 변경이 불가피하다. 수명주기가 얼마나 지속될지 혹은 각 단계의 기간이 얼마나 될지는 메뉴 상품의 종류에 따라 다른데 요즘은 그 주기가 점점 짧아지고 있는 추세이다. 일반적으로 외식 상품의 수명주기는 6가지 유형으로 구분한다.

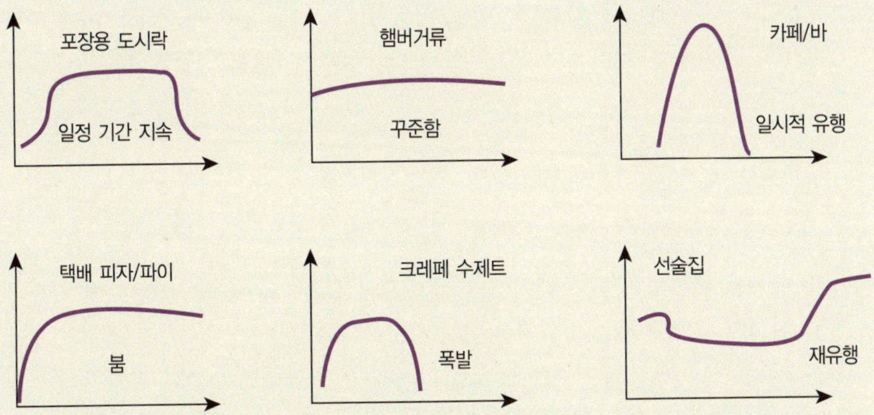


출처 : 미야에이지. 한국외식산업연구소 편역. 외식 비즈니스. Industrial Trading Institute, 1992

외식 상품 수명주기의 유형

지속형, 꾸준형, 일시적 유행형, 붐형, 폭발형, 재유행형의 총 6가지 유형으로 구분되는 메뉴 상품의 수명주기는 각각 기간과 형태가 다르므로 마케팅 전략을 효과적으로 수행하기 위해서는 해당 수명주기, 주기 형태, 단계별 기간 등을 알아야 한다.

메뉴의 상품주기Menu Life Cycle는 도입기Introduction, 성장기Growth, 성숙기Maturity, 쇠퇴기Decline, 삭제Phase out의 과정을 거치며 크게 다음과 같은 단계로 구분할 수 있다.

## 1) 제1단계 : 도입 단계

새로운 메뉴 상품의 결정은 아이디어, 기회, 투자 위험, 상품 개발, 시장 전략 등을 바탕으로 한다. 새 상품에 대한 아이디어는 요리에 관련된 인쇄물이나 콘텐츠를 통해 얻을 수 있으며 기존 상품을 수정하여 새롭게 탄생될 수도 있다. 이때 그 상품이 충분한 장점을 가지고 있는지 또 외식 업체의 이미지에 적합한지를 꼼꼼히 따져 봐야 한다. 일단 한 상품을 새로운 메뉴로 결정했다면 수익의 잠재성을 평가하고 효과적인 시장 침투를 위한 시간, 장비, 교육, 재고에 필요한 투자액을 파악할 필요가 있다.

## 2) 제2단계 : 성장 단계

고객들에게 새로운 메뉴에 대한 정보가 노출됨에 따라 인지도가 높아지면서 서서히 판매량이 증가하기 시작하는 단계이다. 이는 고객을 만족시키면 판매가 급속하게 증가하는 성장기로 진입했음을 의미한다. 경쟁업체가 진출하지 않은 상태라면 이제 그들이 진입을 시작하는 단계이기도 하다. 성장기에는 혁신소비자층과 조기수용자층(얼리 어답터early adopter) 등의 호의적인 구전word-of-mouth이 시장 확대에 중요한 역할을 한다.

### 3) 제3단계 : 성숙 단계

성숙 단계는 매출 신장이 느려지고 도입 단계와 성장 단계에 비해 더 오래 지속된다. 동종 업계에 후발 주자들이 넘쳐 나면서 시장은 포화 상태가 된다. 즉 메뉴의 트리클 다운 효과trickle down effect가 나타나 공급이 수요를 초과하면서 보다 격렬한 경쟁을 초래한다. 경쟁업체는 가격인하를 시작하고 광고와 판촉비를 늘린다. 햄버거와 피자의 시장점유 경쟁이 성숙 단계에 있는 메뉴 상품의 예를 보여 주고 있다. 이러한 시점에서는 고객의 메뉴 충성도를 계속 유지시키는 것이 중요하며, 이는 궁극적으로 시장점유율을 확보하기 위한 것이다.

### 4) 제4단계 : 쇠퇴 단계

한때 성숙기를 누렸던 메뉴들도 트렌드나 고객의 취향 변화, 대체 메뉴의 출현으로 점차 쇠퇴하기 마련이다. 그러나 쇠퇴는 반드시 비수익적인 것만을 의미하지는 않는다. 단지 예전처럼 판매되지 않는다는 뜻에 더 가깝다. 이 단계의 매출액은 소비자의 기호 변화, 경쟁 격화 등 많은 요소에 의해 감소하는데, 이때 일부 외식 업체는 이익의 하락에 따라 점포를 정리하기도 한다. 그러므로 쇠퇴 단계에는 매출액, 시장점유율, 비용, 수익 트렌드 등을 통해 메뉴 상품이 정기적으로 재검토되어야 한다.

### 5) 제5단계 : 삭제 단계

더 이상 판매를 기대할 수 없고 다른 메뉴의 판매와 수익에 악영향을 미친다면 그 상품은 메뉴에서 제거해야 한다. 그 같은 현상은 상품의 수명주기에서 마지막 단계에 도달했음을 의미한다. 실제로 메뉴의 신상품 도입에는 많은 시간과 노력 그리고 비용이 투입되고 있으나 이들의 약 절반 정도만이 수익을 창출하고 있다. 앞으로 희망이 없다고 판단되는 메뉴는 굳이 회생시키려 하지 말고 삭제하는 것이 바람직하다.

| 1단계 : 도입 단계 | 2단계 : 성장 단계 | 3단계 : 성숙 단계 | 4단계 : 쇠퇴 단계 | 5단계 : 삭제 단계 |
| --- | --- | --- | --- | --- |
| 신메뉴 상품이 시장에 소개되는 시기로 해당 상품이 충분한 장점을 가지고 있는지를 파악하는 단계 | 신메뉴가 노출됨에 따라 인지도가 높아지는 시기로 판매량이 증가하는 단계 | 매출 성장이 더디고 다른 기업들의 시장 진입으로 포화 상태가 되며 경쟁력이 약한 기업은 도태되는 단계 | 상품의 판매량이 급속히 줄어들고 이익이 하락하는 단계 | 상품 수명주기의 마지막으로 희망이 없는 메뉴는 회생시키지 말고 삭제하는 것이 바람직한 단계 |

메뉴 상품 수명주기의 단계

# 2. 상품 개발 단계와 프로세스

### (1) 정보화 시스템과 분석도구를 통한 메뉴의 평가

업체는 지난 영업기간의 실적을 분석하여 각 메뉴를 평가하고 결과에 따라 유지와 삭제 여부를 결정하거나 가격, 원가, 제공량 등을 조정한다. 즉 각 메뉴의 카테고리별 판매량, 판매순위, 식료원가, 판매가격, 공헌 정도 등을 분석 평가하여 메뉴의 유시, 삭제, 리뉴얼 여부를 최종적으로 결정하게 된다.

### (2) 사회적 이슈 분석

사회적 이슈 분석은 외식 업계에서도 매우 중요한 사항이다. 조류인플루엔자, 광우병, 미국산 쇠고기, 웰빙, 트랜스 지방, 멜라민, 식품 첨가물, 저칼로리, 항산화물질 등은 근래에 국내에서 쟁점으로 떠오르며 주목 받았던 키워드들이다. 이러한 사회적 문제나 트렌드는 외식 업계에 직접적인 영향을 주는 요인이 될 수 있으므로 정확하게 파악하여 식재료 선택과 메뉴 네이밍 등에 반영해야 한다.

### (3) 경쟁업체 분석

상품 개발을 위해서는 경쟁업체 분석을 통한 포지셔닝 맵을 작성해야 한다. 이때에는 직접적인 경쟁업체들만 분석하기보다는 포괄적이고 광범위한 조사를 통해 거시적인 잠재경쟁자까지 파악하는 것이 좋다. 이렇게 경쟁업체들의 자료 분석이 끝나면 분위기와 객단가를 기준으로 포지셔닝 맵을 그린다. 포지셔닝 맵에서는 직접적인 경쟁구도에 있는 경쟁사군뿐만 아니라 조사대상군, 가능성 있는 경쟁군, 현재 비경쟁군을 포함하여 전체적인 시장구도를 파악해야 한다.

### ⑷ 시장 조사

외식 산업 시장의 경향을 조사할 때에는 먼저 새로운 메뉴 개발의 콘셉트를 통해 필요하다고 생각되는 분야를 중심으로 동향을 살펴봐야 한다. 또 외식과 관련된 매체나 프로그램 등을 통해 직간접적으로 최신 식재료나 트렌드를 반영할 수 있도록 관심을 기울이는 경영 마인드가 필요하다.

### ⑸ 신상품의 구상과 가이드라인 결정

자료 조사가 끝나면 영업팀, 마케팅팀, 메뉴개발팀이 모여 새로운 메뉴 상품에 대한 구상과 가이드라인을 결정하게 된다. 그다음 개발될 메뉴의 콘셉트와 강조점, 사용할 식재료들에 대한 논의가 이루어진다.

### ⑹ 1차 메뉴 테스트

새로운 메뉴에 대한 가이드라인이 결정되면 메뉴 개발자는 구매 담당자에게 1차 메뉴 테스트의 콘셉트와 식재료, 조리에 필요한 기물 등에 대해 설명한다. 구매 담당자는 그 내용을 바탕으로 메뉴 개발자가 생각했던 식재료의 유통 혹은 원가에 문제가 발생할 경우 대체할 수 있는 식재료 등을 준비해 두어야 한다.

### ⑺ 2차 메뉴 테스트

1차 테스트를 통과한 상품은 소비자의 요구에 부응할 수 있는 메뉴인지를 알기 위해 표적시장을 통한 테스트도 거치게 된다. 또 임직원이나 해당 부서가 모여 2차 메뉴 테스트를 실시한다.

### ⑻ 레시피 확정과 식재료 주문

메뉴 테스트를 통과한 신메뉴에 대해서는 레시피를 확정하고 구매팀을 통해 관련 식재료를 주문한다.

### ⑼ 메뉴북 제작, 네이밍, 가격 전략과 프로모션 전략 수립

새로운 메뉴 개발의 모든 과정이 끝났다면 소비자에게 노출될 메뉴북과 메뉴 네이밍, 가격 전략과 프로모션의 기획이 진행된다. 메뉴북은 브랜드의 상품 설명서이자 아이덴티티를 대표하는 것으로서 그 외식 업체의 브랜드와 정체성을 고려하여 제작해야 한다.

### ⑽ 매장 교육

상품 개발이 완료된 메뉴는 주방과 서빙 직원을 대상으로 레시피나 구성 등에 대한 교육을 실시하는데, 이때 메뉴 개발자의 의도를 완벽하게 설명하여 이해하도록 한다.

### (11) 전 점포 출시와 피드백

개발된 신상품에 대해 시범점포의 피드백 내용 수렴 후 추가 개선사항이 있는지를 살펴보고 매뉴얼에 따른 제공상황을 계속 점검하여 판매량을 분석하고 데이터를 축적한다.

상품 개발 단계와 프로세스

# 3. 외식 메뉴 신상품의 출시 동향

## 1) 외식 트렌드의 변화

### (1) 외식 트렌드의 시대적 변화

외식 업체 메뉴 변화의 추세를 시대적으로 살펴보면 다음과 같다.

① 1950년대

먹고살기 힘든 경제 사정과 사회 현상으로 자연에서 구하기 쉬운 식물성 위주의 메뉴와 귀한 동물성 메뉴가 최고의 상품으로 등장한 시대였다. 식당을 운영하려면 양으로 승부를 해야 했던 궁핍한 시대로서 '곱배기', '왕만두', '왕대포' 등 분량을 상징하는 단어들이 탄생하였다.

② 1960년대

메뉴에 대한 인식 단계로 1963년 라면이 보급되면서 가공식품이 눈부신 발전을 이루어 양적 식당경영을 벗어나 질적인 면을 중요하게 여기는 시대로 이행하기 시작한다.

③ 1970년대

배고픔의 시대를 지나 '빨리빨리' 라는 습성에 맞는 패스트푸드가 등장하며 음식을 선택하여 먹는 단계로 접어들게 되었다.

④ 1980년대

외식 산업이 점차 발달하면서 식도락 단계에 들어서는데, 맛있고 분위기가 좋은 깨끗한 브랜드를 찾아 음식을 즐기는 시대가 되었다.

⑤ 1990년대

식품 산업의 정보화 단계로서 건강식품이 전국적으로 붐을 일으키며 복고풍의 전통 음식을 위주로 한 가격양극화 현상이 나타난다.

⑥ 2000년대

퓨전fusion 메뉴들이 외식 업계에 등장하고, 2001년 아셈ASEM 회의를 계기로 밀레니엄 메뉴가 선을 보이게 되었다. 밀레니엄 메뉴는 풀코스 중에서 전채는 미국식, 수

프는 일본식, 메인은 한국식, 샐러드는 이탈리아식, 디저트는 중국식 등으로 구성하여 각국의 음식을 코스별로 다양하게 즐길 수 있다.

⑦ 2010년대

노인 인구의 증가로 건강에 대한 관심이 점차 높아지고 있으며, 웰빙 트렌드에 맞춘 건강식품류에 대한 선호도 또한 높아지고 있다. 한식의 세계화에 따른 표준화와 고급화가 이루어지고 있으며, 식음료 상품시장의 확대 및 등장으로 한식의 위상이 높아지고 있다.

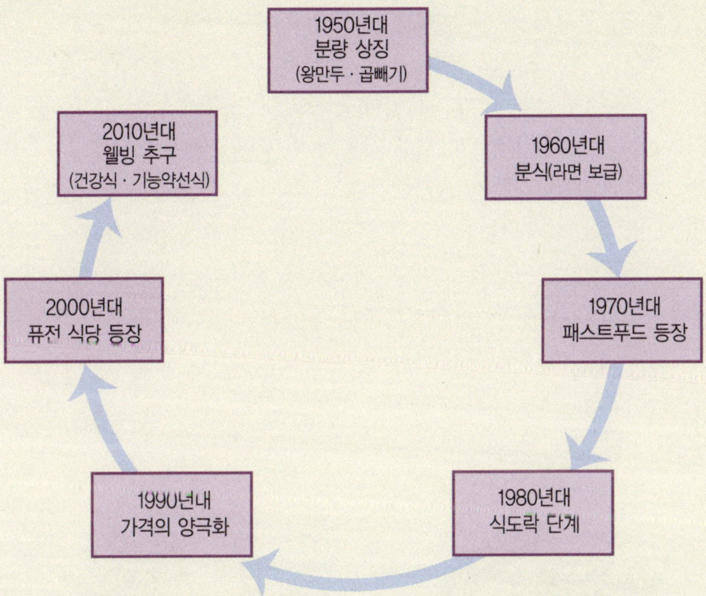


외식 메뉴 상품의 동향

### (2) 외식 트렌드의 사회 현상에 따른 변화

① 가치기준에 따른 외식의 변화

외식 트렌드의 변화는 패스트푸드fast food에서 슬로우푸드slow food로 또는 에스닉푸드ethnic food 등으로 변화하고 있는 음식의 추세를 통해 살펴볼 수 있다.

패스트푸드는 1979년 서울의 명동에 롯데리아 햄버거 체인 1호점이 개점되어 1988년 서울 올림픽을 전후로 급성장하였으나 현재 건강에 해로운 부정적인 성분이 많이 지적되고 있으며, 2003년에는 최악의 매출을 기록하기도 했다.

슬로우푸드는 패스트푸드에 반대되는 개념으로서 대량 생산, 규격화, 산업화, 기계화를 통한 맛의 표준화와 전 세계적인 미각의 동질성을 지양하고, 나라별 · 지역별 특성에 맞는 다양하고 전통적인 색다른 음식과 식생활 문화를 계승 발전시키기 위한 운동이다. 우리나라의 경우 된장과 김치 같은 발효 음식을 판매하는 슬로우푸드와 각 지방의 특색 있는 식재료로 만든 향토 음식 같은 에스닉푸드의 형태를 띤 외식 트렌드의 변화가 진행되고 있다.

② 건강장수 현상과 다운에이징 현상

미국 소비자의 라이프스타일 변화 방향을 예측한 것으로 시간이 지남에 따라 일반적인 소비 트렌드로 확산되고 있다. 먼저 건강장수staying alive 현상은 균형 잡힌 건강한 삶을 의미하며 삶의 질이라고도 해석된다. 현대인은 더 이상 생존에만 집착하지 않으며 삶의 질을 더 중요하게 생각한다. 이 트렌드는 건강에 대한 열망을 표현하면서 건강 상품의 변성을 의미한다고 한다.

이러한 건강장수 현상과 함께 외식업에도 변화의 바람이 불어 건강식품에 대한 소비자의 관심이 높아지고 농약과 비료를 사용하지 않는 야생초 및 유기농산물이 인기를 끌고 있다. 이제 소비자의 건강에 대한 의식은 관심의 단계를 넘어 행동화 단계로 들어서고 있으며, 육체와 정신의 건강을 모두 유지하면서 장수를 추구하는 경향이 뚜렷해지고 있다. 이는 자연으로의 회귀, 신선식품에 대한 수요 증가로 나타나고 있다.

다운에이징down aging 현상은 어린 시절로 돌아가고 싶다거나 어려 보이고 젊게 살기를 원하는 성향으로서 아직 외식업에서는 구체적으로 나타나고 있지는 않으나 건강지향 음식, 향토 음식과 추억, 토속 음식과 추억을 묶는 등의 새로운 콘셉트의 레스토랑이 증가하고 있다.

야생초를 이용한 요리

## 2) 외식 산업의 영양과 건강 메뉴

### (1) 영양과 건강 메뉴의 개념

현대인들이 각종 성인병과 질병에 시달리고 있는 상황에서 식품의 섭취 형태가 이 질병들과 깊은 상관관계를 가지고 있으며 그만큼 치료나 예방에도 음식물이 크게 관여하고 있는 것으로 알려졌다. 이러한 음식이 이제는 단순한 먹을거리의 차원을 넘어 신체의 영양과 건강에 도움이 되는 특별한 기능을 가진 기능성 식품으로 인식되면서 이에 대한 관심이 높아져 관련 제품 개발이 크게 증가하고 있다.

기능성 식품이란 여러 가지 생리활성물질을 함유하여 생체조절 기능을 수행함으로써 일반적인 식품의 기능인 영양 공급, 감각 충족 외에 예방의학적으로 건강 증진 효과가 기대되는 식품을 말하며, 건강식품, 특수영양식품, 식이보조제를 포함하는 개념이다. 미국의 건강식품은 크게 4가지 종류로 분류되어 있다.

① **자연식품** natural foods

수확 후 인공적인 첨가물과 성분을 추가하지 않은 것으로 최소한의 가공만을 한 식품이다.

② **유기식품** organic foods

유기토양에서 퇴비와 부식토를 이용하며 성장 단계에서 화학비료, 농약 등을 사용하지 않고 유기적으로 재배, 수확한 농산물로 만든 식품이다.

③ **다이어트식품** dietary foods

저칼로리, 감염減鹽 등 영양소 조정식품을 말한다.

④ **건강보조식품** dietary supplement health foods

비타민, 미네랄, 아미노산, 허브 등의 동식물 또는 이들 원료 성분의 대사물, 구성 성분, 추출물 또는 혼합물을 말한다.

건강식품에 대한 정의는 각국의 식생활과 식습관, 영양 상태 등에 따라 다르나 우리나라 건강식품의 역사는 한방과 개인 체험을 축적한 민간요법에서 찾을 수 있다. 식품위생법상 1973년 '영양 등 식품'으로 분류된 것을 시작으로 우리나라의 건강식품류의 유형은 5가지로 분류되고 있다.

- 건강보조의 목적으로 특정 성분을 추출, 농축, 정제, 혼합 등의 방법으로 제조 가공한 건강보조식품

- 영유아, 병약자, 노약자, 비만자 또는 임산부 등을 위한 특정 용도에 제공할 목적으로 제조가공한 특수영양식품
- 인삼 또는 홍삼을 주원료로 제조가공 또는 소량을 사용하거나 전통적 동식물 생약원료를 혼합한 인삼 제품류
- 식물성 물질을 주원료로 제조가공한 침출차, 추출차, 분말차, 과실차 등 음용의 목적으로 전통적 식습관에 관련한 기호성 식품인 다류
- 그 외 과일, 채소, 가공품류, 벌꿀, 추출가공식품류 등을 단순가공하여 만든 건강을 표방한 기타 식품류

각종 질병에 노출된 현대인들의 건강식은 균형식balanced diet을 의미하며, 매일의 식생활에서 신체가 원하는 다양한 영양소를 양적인 면과 질적인 면에서 모두 잘 섭취하는 것을 말한다. 단일 식품을 과신하거나 특정 식품의 효능만을 선호하다 보면 오히려 영양의 불균형을 초래할 수 있으므로 여러 가지 식품을 골고루 섭취해야 건강식의 실천이 가능하다.

### (2) 외식 산업의 영양과 건강 메뉴

단기간에 고도의 경제 성장을 이룬 우리나라는 서구 식문화의 도입으로 건강저해요인이 점차 증가하면서 만성 질병의 발생률도 증가 추세에 있다. 만성 질병은 영양이 부족하기보다는 과다하거나 불균형하여 발생하므로 균형 잡힌 영양소의 섭취에 대한 관심이 증가하고 있다. 이러한 상황을 반영하여 건강보조식품, 영양보충식품, 식사대용식품 등 다양한 형태의 식품이 소개되고 있다. 따라서 앞으로는 외식 업계도 푸짐한 식사나 지방이 많은 고기를 취급하기보다 건강을 고려한 요리를 판매하는 것이 현명하다 하겠다. 외식 시장의 영양과 건강 메뉴의 현황은 다음과 같다.

#### ① 패밀리 레스토랑의 영양과 건강 메뉴

외식 업계에서도 영양식과 건강식에 대한 메뉴의 변화가 이루어지고 있는데, 한동안 샐러드 바 중심의 메뉴들이 유행하다가 본격적으로 웰빙 콘셉트를 도입하는 추세로 돌아서 저칼로리에 기름에 튀기지 않은 자연조리법을 강조한 신메뉴가 등장하고 있다.

웰빙 트렌드와 건강의 중요성이 대두되고 아침형 인간의 열풍과 함께 아침 식사의 중요성이 높아져 관련 업소들이 아침 영업을 대폭 강화하는 추세이다. 특히 20~30대가 핵심 소비 계층으로 부상하고 생활 패턴이 변화하면서 오피스가와 역세권을 중심으로 이 같은 현상이 더욱 확대되고 있다.

**표 9-1** / 패밀리 레스토랑의 영양과 건강 메뉴 현황

| 업체 | 특징 |
| --- | --- |
| A사 | • 유기농 채소, 건강 드레싱 샐러드 바 메뉴를 분기별 또는 계절별로 교체<br>• 각종 프로모션을 위한 신메뉴 개발<br>예 허브 스테이크, 인삼 스테이크, 새우 커리, 연어 스테이크 |
| B사 | • 웰빙 트렌드에 맞춰 건강과 스타일 추구<br>예 아이리쉬 슈림프 샐러드, 가쯔오 시푸드 파스타, 그래디 팟 로스트, 시푸드 또띠아 랩 |
| C사 | • 다양한 메뉴 구성(세트 메뉴 구성을 4종에서 10여 종으로 확대)<br>예 바비큐 치킨 샐러드, 크리미 어니언 드레싱, 콰콰몰리 소스<br>• 건강음료와 아이스크림<br>예 비타민 티, 도니 그린 티 |
| D사 | • 20여 가지 대대적인 메뉴 업그레이드<br>• 건강식 재료로 건강 메뉴 강화<br>예 갈릭 립, 칼라마리 샐러드, 그린 티 아이스크림, 캐롯폴 주스 |
| E사 | • 식재료의 질 향상에 초점, 90여 종 유기농산물 사용, 경기 여주 고구마 사용<br>예 유기농 샐러드, 스위트포테이토, 크랩 크로켓, 냉장 스테이크 전환 |
| F사 | • 고객 제안 메뉴를 발전, 강화<br>• 아침 메뉴 더욱 강화<br>예 장어구이, 쇠고기 우거짓국 |
| G사 | • 메뉴 원재료의 고급화와 맛의 고급화에 주력<br>예 씨푸드 스테이크<br>• 고객 제안 메뉴를 통해 샐러드 바를 소비자 중심 메뉴로 개발 |

### ② 패스트푸드 레스토랑의 영양과 건강 메뉴

패스트푸드 레스토랑에서는 일반 밀가루보다 몸에 좋은 호밀빵이나 잡곡빵을 이용한 햄버거 메뉴로 교체하고 신선한 샐러드 메뉴도 대폭 강화하였다. 일부 업체의 경우 기름기가 적은 닭가슴살을 기름에 튀기지 않고 그릴에 구워 양상추, 토마토 등 각종 채소와 함께 곁들인 샐러드 메뉴를 내놓았으며, 탄산음료가 주류였던 음료 메뉴에서도 상큼한 레모네이드나 건강에 좋은 베리류berry 같은 다양한 과일을 섞은 요구르트(요거트) 종류를 출시하였다.

**표 9-2** / 패스트푸드 레스토랑의 영양과 건강 메뉴 현황

| 업체 | 특징 |
| --- | --- |
| A 외식 업체 | 치킨 제품을 기본으로 한 건강지향적인 제품 출시<br>예 치킨 그릴버거, 고고 샌드위치 |
| B 외식 업체 | 프레쉬 플러스 다이어트 메뉴<br>예 그린피스, 가든 샐러드, 베리나이스 요거트 |
| C 외식 업체 | 건강지향, 프리미엄지향 전략<br>예 러브 미 텐더, 버팔로 포보이 샌드위치, 프리미엄 케이준 치킨 샐러드 |
| D 외식 업체 | 건강식 재료를 사용한 메뉴 출시<br>예 호밀빵 새우버거, 웰빙 프레쉬 그린 샐러드, 웰빙 프레쉬 치킨 샐러드 |

### ③ 호텔의 영양과 건강 메뉴

호텔 레스토랑은 고급스럽고 세련된 분위기의 인테리어와 다양한 메뉴를 선보이며 고정고객층을 확보하고 있었으나 서울 강남의 고급 전문 레스토랑에 밀려 위기를 맞게 되었다. 이에 리모델링을 거쳐 전문 조리장을 채용하여 좋은 식재료를 이용한 새로운 영양과 건강 메뉴를 개발함으로써 호텔만이 제공할 수 있는 업그레이드 된 요리로 특별한 가치를 내세워 대응에 나서고 있다.

표 9-3 / 호텔의 영양과 건강 메뉴 현황

| 업체 | 특징 |
|---|---|
| A호텔 | • 프렌치 레스토랑 : 모든 저녁 고객에게 굴 소스 철갑 상어찜 제공 |
| B호텔 | • 지구촌의 다양한 웰빙 메뉴 제공<br>예 농어 세비체, 가스파초, 양갈비구이, 모로코식 쇠고기 꼬치구이 |
| C호텔 | • 그랜드 해산물 뷔페, 자연산 건강송이 세트 메뉴, 테이블 34 런치 세트 메뉴 |
| D호텔 | • 버블리 선데이<br>예 플라워 샐러드, 타조 · 송아지 고기, 태국식 쌀국수 등 건강 메뉴 |
| E호텔 | • 계절 스페셜 코너, 자연식 코너, 디저트 코너<br>• 천연음료, 생과일주스, 인삼 영양음료, 전통차 7가지(장뇌산삼차 · 홍삼차 · 생강차 · 솔잎차 · 쌍화차 · 당근차 · 사과주스) |
| F호텔 | • 해산물과 10여 종의 허브를 가미한 건강 메뉴 개발 |
| G호텔 | • 여름 샐러드 특선 일품요리, 영양과 건강 메뉴, 생과일 영양음료 메뉴<br>예 해산물의 건강식 콩 수프, 향초와 건강 양고기, 건강죽순 야채구이, 야생 딸기 스무디 |
| H호텔 | • 일본 장수마을 오키나와의 건강 메뉴인 '오노쿠' 장어 코스요리 |
| I호텔 | • 여름 건강 가족 메뉴(해산물 등 건강요리에 집중)<br>• 중국 고대 궁중요리 축제<br>예 버섯, 한방 약재를 이용한 황제 특품 해산물요리, 차가버섯 신선로, 금사비취 전복 |
| J호텔 | • 메밀 케이크, 녹차 쉬폰 케이크<br>• 붕어탕, 도가니탕 |

### ④ 호텔 한식당의 영양과 건강 메뉴

호텔에서 한식당의 위치가 점차 좁아져 한식당이 없는 호텔도 많아졌으나 현재 경제적 효과 창출의 의미보다는 한식 세계화와 함께 한식을 알리는 홍보대사로의 의미가 더 커져 다시 입점되고 있다. 전통적인 맛과 세련된 한식을 표방하며 약식동원이라는 개념을 추가한 영양과 건강 메뉴를 다양하게 개발하고 있다.

표 9-4 / 호텔 한식당의 영양과 건강 메뉴 현황

| 업체 | 특징 |
|---|---|
| A호텔 | • 슈퍼푸드를 이용한 웰빙 상차림<br>예 콩, 블루베리, 브로콜리, 오렌지, 연어, 간장, 녹차, 토마토, 호두, 요구르트, 시금치, 칠면조, 귀리 등을 이용한 메뉴<br>• 한식 코스요리<br>예 궁중 삼계탕, 모듬콩 샐러드, 찹쌀호박채전, 브로콜리와 연어, 떡갈비구이, 시금치무침, 우렁된장 조치와 진지, 깨찰편말이, 신선한 과일 |
| B호텔 | • 한식 뷔페, 팔도요리 잔치<br>예 서울 경기 구절판, 어채 꼬리찜, 강원도 감자만두, 황태찜, 메밀묵무침, 충청도 새우구이, 낙지볶음, 민물장어구이, 전라도 홍어찜, 청둥오리구이, 매생이탕, 제주도 복지리, 경상도 주먹갈비, 이북 5도 원산잡채, 꽃만두 등 팔도 음식<br>• 100여 가지 건강 계절 특선요리<br>예 단호박죽, 꿀호박찜, 새송이볶음, 갈비구이, 추어탕, 고춧잎나물, 애호박나물, 낙지회, 송편, 강정 |
| C호텔 | • 한식요리와 건강 전통주<br>예 선운산 복분자주, 설화, 한산 소곡주, 지리산 국화주<br>• 영양가 높은 건강 안주 메뉴<br>예 모듬숙회, 해물김치파전, 꼬리찜, 해물 청경채 볶음 |

# 10 실내 공간 구성

1. 주방의 레이아웃
2. 주방기기의 레이아웃
3. 홀의 레이아웃
4. 어프로치와 내부 공간 계획
5. 주방면적비율
6. 점포의 콘셉트와 메뉴
7. 좌석 배치에 따른 내부 공간
8. 업종별 주방 설계 시 고려사항

음식점의 실내 공간은 크게 주방과 홀로 나뉜다. 그 외에 상품관리, 영업관리, 종업원관리의 기능을 하는 공간이 규모에 따라 추가되지만 가장 중점을 두고 계획해야 하는 부분은 역시 매장의 중심적 영역인 주방과 홀이다.

공간의 구상이나 레이아웃은 업종, 고객, 주방, 서비스 공간인 홀, 도입부approach의 기능적인 배치와 점포의 콘셉트에 따른 이미지를 조화롭게 연결하는 것이 그 계획의 출발점이라 할 수 있다. 똑같은 업종이나 업태의 음식점이라 하더라도 점포의 조건condition에 따라 전혀 다른 평면 배치layout가 나올 수 있음에 유의해야 한다.

# 1. 주방의 레이아웃

주방의 레이아웃은 조리기기의 배치가 가장 중요하다. 식재료 반입 ⇨ 전처리 ⇨ 보관 ⇨ 조리 ⇨ 배식의 순서로 공간적 낭비가 발생하지 않도록 설계해야 한다.

레이아웃은 먼저 조리사가 쉽게 움직일 수 있도록 동선을 고려해야 한다. 최소한의 조리활동범위는 1m이며 통행빈도가 잦을 때 부딪히지 않는 것을 전제로 작업통로의 폭을 계산하면 1.2m가 필요하다. 대부분 통로 공간의 오차로 15~30cm를 두므로 적어도 70cm의 폭은 확보해야 한다. 통로가 너무 좁으면 나중에 조리기기를 교체·수리하기가 어렵다.

작업테이블의 높이는 86~91cm가 바람직하며 벽면 부착식 선반을 사용하는 경우에는 손이 닿는 범위를 감안하여 1.9m 전후로 한다. 너비도 손이 닿는 범위인 75~80cm로 제작한다. 주방과 창고의 바닥재는 유공성이 낮아 흡습성이 적고 탄성이 좋은 자재를 선택한다.

식품위생법에서 규정한 주방의 조명을 살펴보면 작업대의 조도는 40Lux, 창문면적은 바닥면적의 1/4 이상이며 자연광을 충분히 받아들일 수 있는 구조여야 한다. 식재료 보관 장소 안은 신문활자를 읽을 수 있는 조도로 바닥에서 약 1m의 높이에 50Lux 이상이어야 한다.

이러한 주방의 레이아웃은 시공업자만의 의견으로 결정하지 말고 주방을 직접 사용할 사람의 의견이 반영되어야 하며, 특히 메뉴가 늘어났을 때 추가로 구비할 조리기기와 공간까지 고려하여 설계하는 것이 좋다.

# 2. 주방기기의 레이아웃

용도에 맞는 주방기기를 잘 선택했을 때 많은 부분에서 효율성을 높일 수 있으며, 적절한 주방기기와 주방환경은 품질관리와 원가관리에도 도움이 된다. 메뉴 분석을 통한 조리기기의 종류와 용량을 결정하는 것도 한 방법이 될 수 있다. 이상적인 주방은 최소한의 기구들로 최대한의 효율성을 발휘하는 것이라 할 수 있으며 이것이 가능할 때 투자비와 운영비를 줄일 수 있다. 즉 주방기기의 레이아웃을 위해 다음 사항을 고려해야 한다.

- 원활한 조리 작업을 위해 동선이 짧은 것이 좋다.
- 식자재의 반입구와 주방 내부의 관계를 고려한다.
- 저장고와 냉동고 등 다른 시설물과의 관계를 고려한다.
- 사용자들의 신체적 특징과 작업 습관을 고려한다.

# 3. 홀의 레이아웃

매장의 통로 계획을 수립하여 고객과 종업원의 동선이 교차하지 않도록 배치해야 한다. 홀의 레이아웃은 고객을 유도할 수 있는 동선으로 계획해야 하며, 고객이 들어와 어느 방향으로 움직일지를 파악하여 예상시야를 확보하는 것이 중요하다.

# 4. 어프로치와 내부 공간 계획

어프로치approach는 점포의 출입구와 그 주변을 말하며, 점포의 외부와 내부 공간의 연결다리 역할을 한다. 파사드facade(건물의 외부 정면)와 함께 점포의 첫인상을 결정짓는 중요한 부분인 어프로치는 점포가 처한 환경, 즉 건물의 형태, 입구의 방향, 업태, 입점장소 등에 따른 특성을 최대한 활용하여 개성 있게 조성하도록 한다. 형태에 따라 열린 어프로치, 닫힌 어프로치, 절충형 어프로치로 구분한다.

### (1) 열린 어프로치open approach

백화점이나 대형 상업시설 내 음식점에서 주로 사용하는 형태로, 개방감을 살려 접근성을 높이고 고객을 끌어들이기 위해 어프로치를 전면 개방하거나 반개방하는 방식이다.

열린 어프로치의 예

### (2) 닫힌 어프로치close approach

바bar, 레스토랑 등 고급 전문음식점을 만들 때 주로 사용하는 형태로, 외부 고객을 차단하여 해당 고객의 프라이버시를 지켜 주면서 점포만의 고급스러운 분위기를 연출할 때 적합하다.

닫힌 어프로치의 예

### (3) 절충형 어프로치

열린 어프로치와 닫힌 어프로치가 절충되어 일반 음식점의 대부분이 적용하는 형태이며, 투명유리의 윈도로 내부가 다소 드러나는 방식이다.

절충형 어프로치의 예

## 5. 주방면적비율

주방의 필요 공간 산출은 음식점 전체 면적배분의 기초가 된다. 업태의 콘셉트에 맞는 메뉴를 제공할 수 있는 최적의 면적과 구조의 주방 공간을 산출하고 나머지는 객석과 점포의 도입부, 디스플레이 공간으로 만들어야 한다.

중식요리는 조리의 효율성이 높아 상대적으로 적은 주방면적으로도 가능한 반면, 프랑스요리나 스테이크하우스 등은 넓은 주방면적을 필요로 한다. 일식 카운터 요리점의 경우 점포의 규모가 작아도 조리과정의 특성 때문에 주방의 소요면적을 줄이기 어려우며, 카페 등은 점포의 규모가 커지더라도 다른 음식점처럼 주방면적이 그에 비례하여 늘어나지는 않는다. 일반적으로 레스토랑에서는 면적당 주방의 비율을 25~35%로 배분하며, 일품요리 전문점은 10~15%, 교외형 레스토랑은 요리의 종류가 많으므로 45% 전후로 하여 위생 · 안전 · 효율성의 원칙을 근거로 주방의 면적을 설계하게 된다.

## 6. 점포의 콘셉트와 메뉴

기존의 주방기기를 사용하여 조리할 수 있는 메뉴를 추가하는 것은 어렵지 않으나 새로운 설비가 있어야 가능한 요리라면 주방을 변경하거나 확장해야 한다. 이미 인테리어가 완료되어 있다면 이는 결코 쉬운 일이 아니며 추가비용도 많이 소요된다. 개점 준비 단계부터 콘셉트를 명확히 정하여 설계를 해야 불필요한 예산의 낭비를 줄일 수 있다.

# 7. 좌석 배치에 따른 내부 공간

매장의 성격이나 특징, 서비스에 따라 좌석 배치의 유형이 달라질 수 있다. 일반적인 좌석 배치 유형으로는 가로형, 세로형, 점재형, 조합형, 변형형 등이 있다.

**표 10-1** / 유형별 좌석 배치

| 유형 | 특징 | 장단점 |
|---|---|---|
| 가로형 | 벽이나 통로에 직각으로 배치한다. | • 서비스의 효율성이 높다.<br>• 구성이 단순하여 딱딱한 느낌이 든다. |
| | 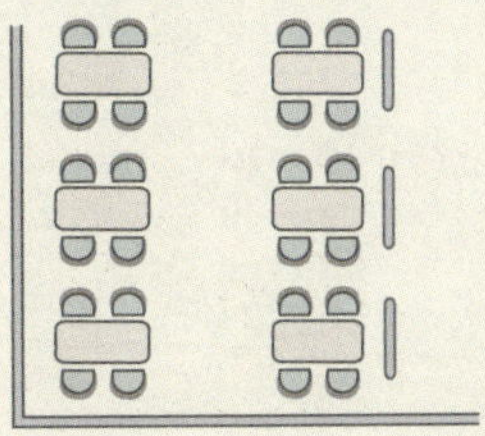 도면 |  활용의 예 |
| 세로형 | 기다란 벽을 따라 배치한다. 비교적 단순한 구성으로 가벼운 음식 업태에 적합하다. | • 서비스의 효율성이 높다.<br>• 구성이 단순하여 딱딱한 느낌이 든다. |
| | 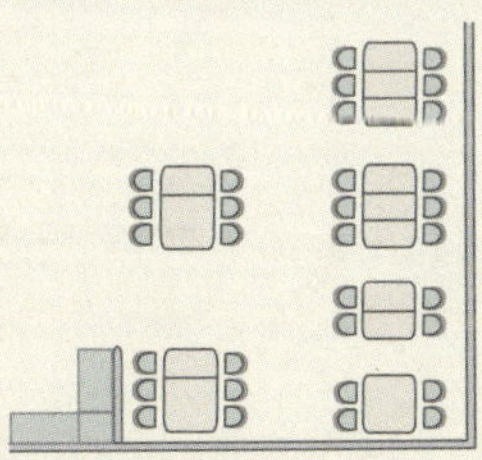 도면 |  활용의 예 |
| 점재형 | 한 공간에 자유롭게, 또는 일정한 간격으로 배치한다. 대형 매장에서 가능하다. | • 여유롭고 차분하게 좌석을 구성할 수 있다.<br>• 면적당 좌석 수가 줄어든다.<br>• 고객의 내점비율을 계산하여 2인용과 4인용 테이블을 두루 사용함으로써 유효 가동률을 높인다. |
| | 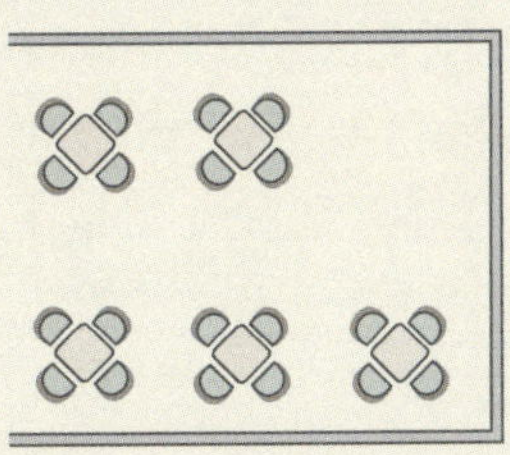 도면 |  활용의 예 |

| 조합형 | 가로형, 세로형 등 두 가지 이상의 유형을 적절히 활용하여 배치한다. | • 다채로운 변화가 가능하다.<br>• 배치 효율성이 높고 빈 공간을 줄일 수 있다.<br>• 좌석의 통로가 복잡해지거나 서비스 동선이 길어질 수 있다. |
|---|---|---|
| | 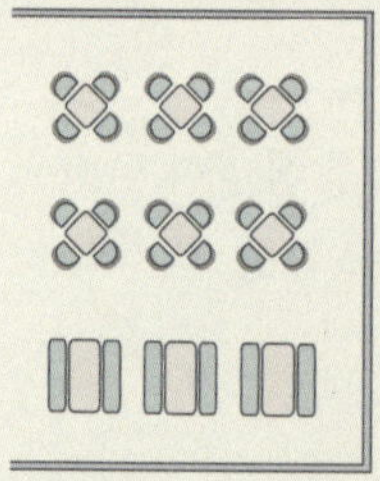 도면 |  활용의 예 |
| 변형형 | 곡선형, 원형, 예각, 둔각의 코너형 등으로 자유롭게 연출한다. | • 변화가 풍부하고 개성 있는 공간 연출이 가능하다.<br>• 테이블 이용이 번거롭거나 고객 수에 맞지 않는 불편이 생길 수 있다. |
| |  도면 |  활용의 예 |

# 8. 업종별 주방 설계 시 고려사항

### (1) 면류 판매업소

면류를 판매하는 업소는 점포의 규모에 따라 반죽기계의 용량을 잘 선택해야 한다. 칼국수 전문점은 손반죽과 기계반죽으로 나뉘는데 기계반죽은 점포의 규모에 따라 기계의 용량을 잘 선택해야 한다. 냉면집 육수 냉장고의 경우 용량을 잘못 계산하면 충분히 냉각되지 않아 서비스에 문제가 생길 수 있으므로 수용 가능한 최대 고객 수를 잘 판단하여 적절한 용량의 설비를 갖추는 것이 중요하다.

### (2) 탕 전문점

탕 전문점은 육수를 끓일 수 있는 충분한 공간을 확보하는 것이 중요하다. 점포의 규모와 객석 회전율을 감안하여 육수용 레인지의 용량을 계산한 후 설치해야 한다.

### (3) 회전초밥집

회전초밥집은 적정한 길이의 회전 컨베이어를 배치하고 홀의 좌석 수를 최대한 늘리는 것이 바람직하다.

### (4) 정통 일식집

정통 일식집은 쓰키다시(곁들이는 요리 또는 안주)가 많아 냉장 · 냉동 보관을 위한 공간이 필요하다. 조리기기로 탕레인지, 튀김기, 생선구이기, 찜기 등을 설치해야 하며 초밥대, 조리라인, 생선처리 공간라인도 유기적으로 잘 구성해야 한다.

### (5) 고깃집

고깃집은 서비스로 제공되는 메뉴로 계란찜이나 된장찌개가 있을 경우 이를 함께 고려하여 화구 수를 잘 계산해야 한다.

### (6) 분식집

분식집은 매장은 작으나 판매 품목이 많기 때문에 메뉴 구성이 중요하며 그에 따른 식재료의 소요량을 잘 계산하여 보관할 냉장고의 용량을 선택해야 한다. 각 메뉴의 식재료는 합리적으로 공유해야 재고량과 손실을 줄이고 음식의 원가를 낮출 수 있다. 메뉴가 많은 만큼 사용하는 그릇의 종류도 다양하여 수납공간 또한 중요하다. 따라서 선반을 많이 설치하여 적정 수납공간을 확보해야 조리 작업도 빨라진다.

11

# 위생관리

1. 주방설비별 위생관리
2. 기기별 위생관리
3. 매장 내의 위생관리

# 1. 주방설비별 위생관리

일반적인 주방설비의 배치순서와 그에 따른 위생관리 사항은 다음과 같다.

| 시설 | 위생관리 사항 |
|---|---|
| 저장 및 보관시설 | 창고와 냉장고에 식품 반입 후 신속히 저장 |
| ⇩ | |
| 전처리시설 | 세정대와 작업대를 사용하여 작업한 후 냉장시설에 보관 |
| ⇩ | |
| 재료 보관 | 주요 식재료를 특성에 맞는 온도에서 보관 및 수납 |
| ⇩ | |
| 조리와 준비 작업 | 냉장고에 보관된 식재료들의 일차적인 손질 작업으로 위험온도 구간인 5~60℃에 노출되는 것을 최소화 |
| ⇩ | |
| 가열대와 조리대 | 각종 레인지와 조리기구를 사용하여 적절한 시간 동안 최소 안전 심부온도로 식품을 가열 및 조리 |
| ⇩ | |
| 배식라인 | 조리된 음식의 토핑 및 반출 |
| ⇩ | |
| 퇴식라인 | 회수된 식기의 반입과 세정 작업 |
| ⇩ | |
| 정리와 보관 | 각종 식기의 수납공간과 소독 작업 |

# 2. 기기별 위생관리

## 1) 냉장고와 냉동고

- 주 1회 이상 청소한다.
- 온도를 주기적으로 측정하여 기록한다.
- 교차오염을 예방하기 위해 식품을 분리하여 보관한다.

- 내부 용적의 70% 이하로 식품만 보관한다.
- 조명은 라벨을 읽을 수 있을 정도로 설정한다.
- 채소나 과일류는 5℃의 저장온도를 지키고 육류, 해산물, 냉동식품 등은 영하 20℃가 유지되도록 정확히 확인한다.
- 식재료가 마르거나 품질이 떨어지지 않도록 잘 포장하여 저장한다.

**표 11-1** / 보관별 위생관리

| 구분 | 위생관리 |
|---|---|
| 냉동 보관 |   |
| 냉장 보관 |   |
| 실온 보관 |   |

## 2) 식기세척기

- 바닥에서 최소한 15cm 이상 위에 설치한다.
- 온도와 수압을 알리는 계기판은 잘 보이는 장소나 기계 가까이에 부착하여 쉽게 확인할 수 있어야 한다.

## 3) 식기와 각종 기물

- 기물을 대, 중, 소로 구분한다.
- 유리와 사기 제품은 따로 구분한다.
- 사용 후 뜨거운 물로 잔여물을 씻어 낸 후 세제를 묻힌 스펀지로 오염물질을 깨끗이 제거한다.
- 흐르는 물로 세제를 깨끗이 헹구고 완전히 건조시킨다.
- 물을 사용하지 못하는 기물은 오염물질을 제거한 후 청결한 행주로 닦고 소독용 알코올을 분무한다.
- 기물을 사용하기 전에도 소독용 알코올을 분무한다.

## 4) 칼 · 도마 · 행주

- 도마는 딱딱한 고무나 아크릴로 만든 것으로서 갈라진 틈이 없어야 한다.
- 조리되지 않은 재료와 조리된 음식, 생선류와 채소류를 다루는 도마와 칼은 구분해서 사용한다.
- 칼과 도마는 청결하고 건조된 상태로 세워서 보관한다.
- 행주는 5분 이상 열탕으로 소독한다.

## 5) 접촉에 의한 오염

- 종업원들은 작업 중간에 적절한 방법으로 손을 씻어야 한다.
- 작업별로 행주와 수건을 색깔에 따라 구분하여 사용하고 위생 처리하여 보관한다.
- 작업대와 기기는 작업이 끝난 후 깨끗하게 청소하고 위생적으로 처리한다.
- 식품에 따라 각기 다른 주방기구(도마 · 조리기구 · 용기 등)를 사용한다.
- 생식품인 고기류, 생선 및 가금류는 농산물이나 조리된 식품과 분리하여 가공 처리한다. 주방이 협소한 경우에는 작업시간을 달리한다.

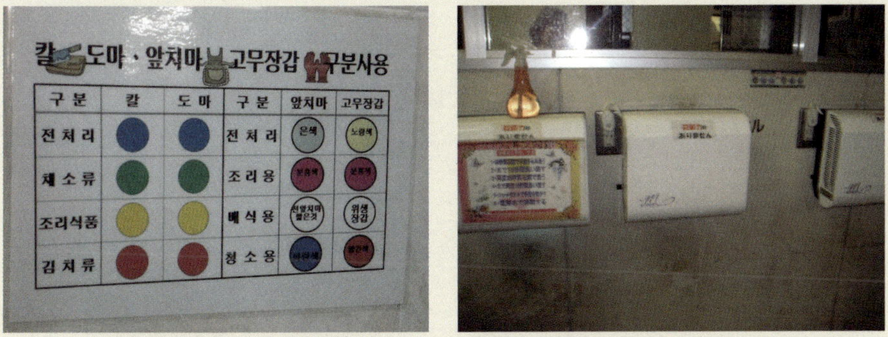


조리도구의 구분사용법과 소독기

# 3. 매장 내의 위생관리

## 1) 식재료별 신선도 유지

식재료는 입고에서부터 냉동 탑차의 위생 상태와 적정 온도를 확인한 후 빠른 시간 내에 저장고로 옮겨 온도 변화를 최소화한다. 냉장 · 냉동 보관 시에도 철저한 온도 관리가 이루어져야 한다. 온도 변화로 인한 변질과 부패를 방지하기 위해 워크인walk-in의 경우 센서가 장착된 에어커튼을 설치하고 아이템별로 작은 문을 별도로 덧붙이면 효율을 높일 수 있다. 출고 시 선입선출을 원칙으로 하며 냉장고와 냉동고에 냉기가 원활하게 순환할 수 있도록 총 용적의 70~80% 이상을 저장하지 않는다.

식재료의 선입선출

식재료의 이동 시 냉동 탑차의 위생관리

### 2) 재료부터 철저히 세정 · 소독

채소와 청과류의 경우 전처리 전에 반드시 세정액으로 재료 상태에서부터 있을 수 있는 이물질을 제거한다. 이때 정확한 비율의 농도를 맞추기 위해 세정액 배합기를 수도에 장착하면 안전성을 높일 수 있다. 세정액에 씻은 식재료는 정수한 찬물에 다시 세척하며, 모든 소독과정을 마친 품목에는 데이닷day-dot, 라벨링labeling 등의 스티커를 부착한다. 24시간을 주기로 하여 요일별로 색을 다르게 한 데이닷은 채소 등 쉽게 변색 · 변질되는 식재료의 관리 효율을 높이는 데 사용되고 있으며, 품목, 제조일시, 유효기간, 제조자 등이 표시된 라벨링은 메뉴에 이상이 생겼을 경우에 역추적이 가능하도록 했다.

보관 시에는 날것이나 국물이 있는 것은 아래쪽에 보관하며, 모든 식품을 조리할 때에는 위생장갑을 착용하고 자주 교체하여 청결도를 높여야 한다. 위생장갑을 만지거나 착용하기 전에는 세척 절차에 따라 뜨거운 물로 손을 씻고 전용 소독기로 소독한다.

### 3) 샐러드 바의 적정 온도 유지

샐러드 바에 진열된 메뉴는 적정 온도와 교체시간대를 정하여 관리한다. 'hot is hot, cold is cold'를 원칙으로 따뜻한 메뉴는 70℃ 이상, 찬 메뉴는 4℃ 이하로 유지하기 위해 각 메뉴군별로 바 내부에 센서를 장착하고 일정 온도 유지가 가능한 보온 ·

보냉 컴프레서 시스템을 갖춘다. 개점 전에 샐러드 바의 적정 온도를 맞춘 뒤 메뉴를 진열하며 매니저가 오전과 오후에 1번씩 온도를 체크한다. 이때 시스템의 내부 및 외부와 음식의 3가지 온도가 일치하는지를 확인한다. 진열된 제품은 점심시간을 제외하고 2시간마다 하루 5번 교체하며 2시간이 지난 것은 바로 폐기하는 것이 좋다.

### 4) 주방 위생의 기본인 설거지

① 세척과 정리 과정에서 뒤섞이지 않도록 종류별로 빈 그릇을 수거한다.
② 수거한 빈 그릇을 맑은 물에 헹궈 남은 음식물을 씻어 낸다.
③ 세제를 희석한 물에 세척하여 기름기나 이물질을 제거한다.
④ 맑은 물에 헹궈 잔여물을 없앤다.
⑤ 흐르는 물에 헹구는 과정을 통해 기물에 세제가 남지 않도록 한다.

### 5) 철저한 보관

냉장 및 냉동 보관을 원칙으로 육류, 김치, 양념장, 육수, 채소, 해산물 등 메인 식재료는 물론 고춧가루와 같은 건재료까지 별도의 냉장 칸을 마련하여 이물질 유입과 교차오염을 미연에 방지해야 한다. 보관 시에는 재료별로 다른 용기에 저장하여 중복 사용을 피한다.

찬 그릇은 냉장 보관, 탕류 등이 제공되는 열그릇은 매일 오전에 삶는 것을 원칙으로 하며, 칼과 도마 역시 매일 마감 시에 삶은 후 전용 냉장고에 보관하여 오염원을 차단한다. 기물이나 식재료를 바닥에 직접 놓지 않는 것은 기본이므로 보관용기부터 휴지통까지 별도의 선반을 제작하여 주방이나 저장고 어느 곳에서도 바닥에 물건이 직접 닿지 않도록 주의한다.

조리된 식품이 즉시 제공되지 않을 경우 적정 온도로 보관하거나 가능한 한 빨리 냉각시키는 것이 중요하며, 위험온도 구간에 노출되는 시간을 줄이기 위해 적절한 냉각법으로 식품의 온도를 낮춘다. 과일과 야채의 경우 생고기류나 가금류를 다루었던 접촉면에 닿지 않도록 하며 냉장온도는 2~4℃로, 냉동온도는 -18~-12℃로 유지하여 세균 증식의 위험성을 줄인다. 날생선과 해동된 생선의 경우 특히 냉장온도보다 낮아야 하므로 얼음상자에 넣어 보관한다. 생고기는 느슨하게 포장하여 공기가 잘 순환되게 하고 갈은 쇠고기의 경우 공기와 접촉하지 못하게 밀폐 포장한다. 냉장된 가금류는 3일 안에, 부분육은 1~2일 안에 사용하는 것이 좋다.

## 6) CK의 위생관리

제조 공정별 공간과 탕류 및 면류, 기타 육류 등을 준비하는 곳 등 작업 특성에 따른 공간을 구분하여 작업의 효율성을 높임과 동시에 특정 재료를 취급하는 직원 간에 교차오염을 방지하기 위한 것으로, 각각의 구획에는 손 세척을 위한 위생용액과 세면대를 갖춘다. 한편 세척 공간은 조리 공간과 거리를 두고 배치함으로써 세척 시 높은 온도로 인한 조리실의 미생물 번식 등을 방지해야 한다.

중앙공급식 주방CK : Central Kitchen에서는 먼저 위생복과 위생모를 착용한 후 출입구에 설치된 에어샤워를 통과하여 몸에 묻은 오염물질을 없앤다. 그다음 바닥에 뿌려진 위생용액으로 신발 밑면의 오염물질을 세척한 후 손을 씻는 것으로 마무리한다. 이 과정은 직원뿐 아니라 방문객 모두에게 동일하게 적용된다. 위생관리가 곧 품질이라는 생각으로 오염원을 완벽히 차단하고 온도 변화를 최소화하는 등 철저한 관리가 필수적이다.

중앙공급식 주방의 위생관리

## 7) 매장의 1일 관리

### (1) 개점 전 점검(출근~영업 시작 전)

어떤 매장이든 매일 개점하고, peak time(바쁜 시간대)과 idle time(한가한 시간대) 그리고 폐점의 일과를 보낸다. 이 흐름에 따라 조리를 하고 접객을 하며 매장을 청소하는 것이 일반적인 모습이다. 그러나 세밀하게 분류하면 매장의 관리사항은 매우 복잡하고 다양하다.

표 11-2 / 개점 전 홀과 주방의 점검사항

| 구분 | 내용 |
|---|---|
| 홀 | • 청소용구의 준비(대걸레, 걸레 사용 보조도구, 쓰레받기, 빗자루)<br>• 테이블과 의자의 점검(이물질 제거, 광택 내기, 정돈)<br>• 테이블 세팅 점검(이물질 제거, 광택 내기, 내용물 보충)<br>• 메뉴판 점검(이물질 제거, 광택 내기)<br>• 파티션 점검(이물질 제거, 광택 내기)<br>• 화분과 조화의 점검(먼지와 이물질 제거, 물 주기, 정렬)<br>• 홀 점검(바닥 · 벽면 · 게시판 · 포스터)<br>• 계단 점검(손잡이)<br>• 카운터 주변의 점검<br>• 실내 온도와 음악 조절<br>• 수저, 포크, 나이프, 냅킨, 스트로 준비<br>• 영업 준비자금 점검(기본 자금, 거스름돈)<br>• 화장실 점검(바닥의 건조 상태 유지, 거울 닦기, 휴지와 비누 준비)<br>• 매장 출입구의 샘플 진열장 점검<br>• 매장 주변 점검(외부 환경)<br>• 청소용구의 사용 후 정리 정돈 |
| 주방 | • 냉장고 및 냉동고와 각 기구의 작동 상태 점검<br>• 냉장고와 냉동고의 원료보관 상태 점검<br>• 원재료와 부재료의 보충상황 점검<br>• 금일 원부재료 입고와 발주사항 점검<br>• 금일 근무 현황 점검<br>• 파트별 준비 작업 점검<br>• 주방기구의 위생 상태 점검(칼 · 도마 · 행주 · 작업대)<br>• 주방의 정리 정돈과 청결 상태 점검 |

### (2) peak time의 점검

① 직원들이 건강하고 명랑한 목소리로 인사하는가.

② 매뉴얼에 따라 서비스가 잘 진행되고 있는가.

③ 고객이 진심으로 만족하는가.

### (3) idle time의 점검

① peak time에 나타나는 개선사항의 보완

② 교육과 훈련을 통한 능력 향상

③ 주간 청소 일정에 의한 매장의 청결 상태 보완

### (4) 폐점 시 점검(영업 종료~퇴근)

① 각 기구의 수거와 정리 정돈

② 마감 작업 상태를 점검하고 종례 실시

③ 파트별 작업내용과 점검사항 확인

# 참고문헌


고재용, 하진영, 오선영. 사례로 배우는 마케팅. 파워북, 2010

구본길. 외식사업 신상품 개발 프로세스에 관한 연구, 2005

권익현, 임병훈, 안광호. 마케팅(관리적 접근). 경문사, 2004

김광오, 류무희, 김지영, 장혜진, 황지희, 이유주, 오경화. 푸드코디네이트. 교문사, 2005

김상일. LG 경제연구원. 주간경제 제801호, 2004. 10. 8

김윤태. 호텔외식산업 메뉴관리론. 대왕사, 2006

김윤태. 호텔외식산업 위생관리론. 대왕사, 2009

김준희, 장혁래, 박인수. 알기 쉬운 메뉴관리의 이론과 실제. 백산출판사, 2010

김현철. 호텔 연회 메뉴의 선택 속성에 기초한 서양식 정식 메뉴 개발에 관한 연구. 경성대학교 대학원 박사학위 논문, 2007

나정기. 메뉴관리의 이해. 백산출판사, 2004

미야에이지. 한국외식산업연구소 편역. 외식 비즈니스. Industrial Trading Institute, 1992

박노진. 공부하는 식당만이 살아남는다. 다산북스, 2010

박범진, 나정기. 메뉴북 디자인 유형에 따른 고객 반응도에 관한 연구, 2010

박상희. 웰빙 트렌드에 따른 영양 · 건강 메뉴 선택 속성, 2004

박영배 외 2인. 호텔외식산업 식음료관리론. 백산출판사, 1999

박정준. 레스토랑 메뉴 디자인의 이론과 실제에 관한 연구, 1996

성기협, 박헌진, 채경연, 최미경, 최우승. 메뉴관리론. 교문사, 2010

손일락. 미래의 식당경영. 형설출판사, 1993

송효남. 노인건강을 위한 식이요법, 2001

스포츠월드 신문, 2011. 9. 28

신지용. 현대마케팅. 삼영사, 2008

안광호, 임병훈. 마케팅 조사원론. 법문사, 2000

오세조, 박충환, 김동훈, 김영찬. 마케팅 원론. 박영사, 2010

오정환. 호텔 케이터링. 기문사, 1993

월간식당, 2006년 3월호 · 7월호, 2009년 10월호

월간외식경영, 2005년 12월호, 2006년 12월호(DE), 2007년 2월호
윤수선, 채현석, 김석수. 주방관리. 백산출판사, 2010
이덕원. 향토음식 메뉴 개발에 관한 연구, 2006
이동근. 호텔 레스토랑 메뉴 교체주기의 관리에 관한 연구, 2002
이종화. 호텔 식음료 부분의 메뉴 분석에 관한 연구. 세종대학교 대학원 석사학위 논문, 1993
이호근, 오승일. 식음료관리론. 명보출판사, 1982
장흥섭, 김재진, 이수형, 이상환, 김종신, 이장환, 박경윤, 이주형, 손관호. 마케팅. 삼영사, 2002
전소현. 약재를 이용한 메뉴 개발 연구, 2003
전지영, 김태현, 홍종숙, 김장호, 레스토랑 메뉴관리. 수학사, 2013
정경, 김경임. 실무종사자를 위한 메뉴관리 & 기획. 파워북, 2010
조용범, 강병남, 김형준. 메뉴관리론. 대왕사, 2003
조용범, 강병남. 신메뉴관리론. 대왕사, 2008
조춘봉, 김영갑, 김선희. 레스토랑 메뉴경영론. 대왕사, 2008
중앙일보, 2008. 5. 5
진양호. 현대서양요리. 형성출판사, 1990
최영준, 박헌진, 정진우. 메뉴관리론. 대왕사, 2006
한경비즈니스, 2011. 12. 26

Jack E. Miller. Menu Pricing and Strategy. 3rd ed. VNR, 1992
Lothar A. Kreck Menu; Analysis and Planning. 2nd ed. CBI Book, 1984
Powers T. Introduction to Management in the Hospitality Industry. 5th ed. John Wiley & Sons Inc. New York, 1995

# 찾아보기

저자
소개

**박금순**
대구가톨릭대학교 외식산업학전공 교수

**정외숙**
수성대학교 호텔조리과 교수

**민영희**
경북대학교 외래교수

**이정애**
호원대학교 외식조리학부 교수

**안상희**
대구가톨릭대학교 외식산업학전공 교수

**김지영**
대구가톨릭대학교 외식산업학전공 겸임교수

이해하기 쉬운
메뉴관리 및 디자인

2017년 3월 1일 초판 인쇄
2017년 3월 5일 초판 발행

지은이 | 박금순 · 정외숙 · 민영희 · 이정애 · 안상희 · 김지영
발행인 | 유제구
발행처 | 파워북
주 소 | 경기도 고양시 일산동구 호수로 358-25
동문굿모닝타워2차 529호
전 화 | (031) 730-1412
FAX | (02) 730-1410
등 록 | 1997. 1. 1 제 300-1997-13

정 가 20,000원
ISBN 978-89-8160-317-5 93590